《丁丁上学记》·学习真有趣!

　　丁丁是光明小学的一名小学生,他活泼、淘气,还有那么点儿小智慧。爸爸妈妈想,这小子上小学,肯定一点问题都没有!谁料到刚入学的时候,他像很多新同学一样,在学习中经常会犯一些小错误。丁丁头都大了!

　　后来,在老师、父母和同学们的帮助下,丁丁不断努力,逐渐养成了良好的学习习惯,掌握了高效的学习方法,提升了各科的学习能力,学习成绩有了明显的提高。在这个过程中,丁丁身边发生了好多好玩的故事,他用自己的故事告诉大家:学习原来真的可以这么轻松、有趣!

　　让我们和丁丁一起,来尽情享受上学的快乐吧!

①

让 小 学 生 受 益 一 生 的
60种优秀学习习惯

主 编 刘 蕾　　**副主编** 单婷婷

编委会

胡 培　章家慧　郑 义　隋振业　李鹤伟

田 攀　陈宏伟　陈年年　王 蕴　冯 民

王 璘　王雪娟　武瑞恒　万春耕　毛淑芬

湖北长江出版集团
湖北教育出版社

（鄂）新登字02号

图书在版编目（CIP）数据

丁丁上学记：让小学生受益一生的60种优秀学习习惯 / 刘蕾著.
— 武汉：湖北教育出版社, 2010.12

ISBN 978-7-5351-6436-0

I. ①让… II. ①刘… III. ①小学生 – 学习方法
IV. ①G622.46

中国版本图书馆CIP数据核字（2010）第240372号

出版发行	湖北教育出版社	
邮政编码	430015	电　话　027-83619605
地　址	武汉市青年路277号	
网　址	http://www.hbedup.com	
经　销	新 华 书 店	
印　刷	北京市燕鑫印刷有限公司	
开　本	710mm×1000mm　1/16	
印　张	13	
字　数	150 千字	
版　次	2011年1月第1版	
印　次	2015年10月第18次印刷	
书　号	ISBN 978-7-5351-6436-0	
定　价	26.80元	

如印刷、装订影响阅读，承印厂为你调换

王晓旭
班长，学习方法很有一套。

金光
丁丁的同桌兼死党、回答老师问题的积极分子。

叔叔
丁丁的叔叔，高中老师，被丁丁誉为"伟大的教育天才"。

李玲玲
学习活跃分子、班里的"智多星"。

张莉
学习委员，在做笔记方面有自己的"独门秘籍"。

李明明
班里的尖子生，一题多解能力班内无人能及。

李老师
严谨的数学老师。

孙老师
慈祥的语文老师。

张老师
可爱的英语老师。

存钱还是还款？

1978年，75位诺贝尔奖获得者在巴黎聚会。人们对于诺贝尔奖获得者非常崇敬，有位记者问其中一位得奖者说："在您的一生里，您认为最重要的东西是在哪所大学、哪所实验室里学到的呢？"这位白发苍苍的老者平静地回答："是在小学。"记者感到非常惊奇，又问道："为什么是在小学呢？您认为您在小学里学到了什么呢？"

这位老者微笑着回答说："在小学里，我学会了很多很多。比如，把自己的东西分一半给同学；不是自己的东西不要拿；东西要放整齐；饭前要洗手；午饭后要休息；做了错事要表示歉意；学习要多思考，要仔细观察大自然。我认为，我学到的全部东西就是这些。"所有在场的人都对这个回答报以热烈的掌声。事实上，大多数成功者认为，他们终生学到的最重要的东西，就是从小养成的良好习惯。

习惯对人的影响是巨大的。俄罗斯著名教育思想家乌申兹基曾经说过：好习惯就像是我们在银行里存了一大笔钱，你可以随时提取它的利息，享用一生；一个人的坏习惯就好像欠了别人一笔高利贷，老在还款，还总是还不清，最后逼得人走入歧途。

对于小学生来说，养成良好的学习习惯，实在是要比学会一些具体知识重要得多。小学生年龄小，习惯正处在形成中，可塑性大，可变性强，稍不注意，可能就会形成一些坏习惯，影响他们的长远发展。因此，培养小学生良好的学习习惯，是一件能使他们受益终生的事。

目录

第一章 好习惯，从课堂开始！

第二章 丁丁学会记笔记

第三章 做作业也有小窍门

第四章 好学习从好生活中来

第五章 学语文的好习惯

第六章 学数学的好习惯

开学啦!

第一章

好习惯，从课堂开始！

课堂听课是我们获得知识的主要方式，课堂上听不好，同学们就肯定学不好。机灵鬼丁丁从语文老师那里取了经，原来，要想养成优秀的学习习惯，首先应该从善于课堂听讲开始！

你"吱"一声

001

班长王晓旭的发言

平时教语文课的孙老师特别强调习惯的作用。她经常说："有什么样的习惯，就有什么样的性格；有什么样的性格，就有什么样的命运。习惯对人的影响是很关键的。"为了让同学们养成上课认真听课的好习惯，上周六，孙老师还专门布置了一次口头作业叫"上课怎样听好课"，并要求大家上台发言。同学们都很踊跃，班长王晓旭率先发言，起了个带头的作用。

王晓旭胸有成竹地站起来，清了清嗓子，大声说：

在念一年级的时候，老师就告诉过我上课听好课的习惯，他说上课要用"五用"法，就是：用耳听、用眼看、用嘴说、用心想和用手记。

用耳听就是认真听讲，不光听老师讲课，还要听大家的讨论，听老师是怎样解答同学们的疑问的；

用眼看就是认真看教材，看老师的表情、手势和板书；

用嘴说就是默默复述老师讲述的重点，并大胆回答老师的问题；

用心想是上课时对新知识进行积极的思考，不能开小差；

用手记是要记下老师讲课的重点。听课时要边听边记笔记，或者在教材上圈圈点点，画出重点和难点，并及时记录下自己的理解。

上课要用
"五用"法

"上课时不要吃零食……"张莉补充说。

"上课不要交头接耳，要集中精力听课……"刘浏回答。

最后老师总结说："大家的发言都很不错，但是王晓旭同学说的'五用'法最全面，也最具体，大家都可以学以致用。"

丁丁若有所思地点了点头，难怪以前自己经常听不懂课呢！原来，听课也要养成这么多的好习惯！他从这次口头作业中学到了很多。

好习惯：课前做好物质准备。每天临睡前准备好第二天上课需用的学习用具，以免上课时因为找学习用具而分心，或者因为没有必要的工具而听不懂课。（1）常规的学习用具主要包括课本、课堂笔记本、练习册、铅笔、橡皮等。（2）还有一些特殊用具，比如老师提前布置的需要我们准备的工具，如查阅的资料、字词典、辅导材料、实验器材等。

据调查研究，一个人从外界获得的信息90%都离不开视觉，所以，观察是我们获得信息的主要来源。大家想一想，在课堂上我们除了认真听，还应该看什么呢？第一、看老师的板书。简洁的板书往往浓缩了一堂课中的主要内容。第二、看自己的课本。要把老师的讲解和课本上的内容及时联系起来。第三、看同学的计算。看看同学的解题方法、步骤，通过比较发现自己的欠缺。

开火车游戏。邀请三个以上的同学来玩这个游戏。方法是：三人（或多人）围坐一圈，每个人代表一个火车站名，比如，同学A当北京站，同学B当上海站，同学C当广州站。其中一人开动"火车"，比如同学A拍手喊："北京的火车就要开。"然后大家一齐拍手喊："往哪开？"同学A拍手喊："广州开！"这时候，当广州站的同学C必须马上接口："广州的火车就要开。"大家又齐拍手喊："往哪开？"同学C拍手喊："上海开！"……"火车"开到谁那儿，谁就必须马上接口。"火车"开得越快越好玩，中间不要有间歇，看看谁最先犯错。

4

怎样才能集中注意力

上次班会结束后,丁丁上课认真了好一阵子,但他感觉自己的注意力还不是很集中,老师在讲台上用心地讲课,丁丁的脑海里却总冒出动画片《喜羊羊与灰太狼》的画面,老师讲的话他怎么也听不进去。有时候,一节课就在丁丁玩橡皮、摆弄铅笔盒中飞快过去了。

等到回家做作业的时候,丁丁才感觉到了苦恼——因为上课没有听好,他觉得所有作业都很难做。实在做不出来了,丁丁只好放下作业,打开电脑,登录QQ在班级群里找了一个网名叫"微风轻轻吹"的网友聊了起来。

"你是我们班的谁呀?"丁丁发了一个带着问号的图片过去。

"哈哈,网上保持点神秘感不好吗?""微风轻轻吹"给

了丁丁一条回复，又顺便问丁丁，"你现在上网，你的作业都做完了吗？"

"我正愁这个呢！最近我上课注意力总是不集中，作业都不会做。你有什么好办法吗？"

"呵呵，那你在上课的时候都做什么了？"

"我上课想着《喜羊羊与灰太狼》，我还喜欢玩橡皮……"

"哈哈，你的爱好不少嘛！"

"你别开玩笑了，快帮我想想该怎么办吧！"

"既然你上课喜欢玩橡皮，那你首先要把橡皮收起来了，放在抽屉里，等到用的时候再取。把这些容易扰乱你心思的东西收起来，你上课就不会分心了！其次，上课之前你可以提前预习一下新知识，找出自己不懂的地方。只要带着目标听课，你还怕自己会想着《喜羊羊与灰太狼》吗？"

丁丁觉得"微风轻轻吹"说的很有道理。可是，"微风轻轻吹"到底是谁呢？不管了，先按照他的方法试一试吧。

第二天，丁丁上课的时候注意力果然集中了很多。

1 学一学

好习惯：目不转睛法。 考入北京大学的孙华伟同学，从小就特别注意上课要认真听课。他在谈到自己的学习经验时说，他会要求自己在课堂上一直盯着老师的板书和表情，并且做到勤动手、多动脑、多提问，这样严格要求自己，就一定能让自己集中注意力，从而提高课堂效率。

2 想一想

在听课时，大家遇到听不懂的问题该怎么办呢？正确的做法是：不要把课堂时间浪费在没听懂的问题上。一个问题没听懂，马上用笔把它简单地标记出来，然后紧跟着老师的讲课思路走，听老师讲后面的内容。等下课之后，再把不理解的问题找出来，向同学或者老师请教。这样做可以使自己的思路与老师的保持一致，听课也会更有效率。

3 练一练

制作一张有30个小方格的表格，将数字1-30打乱顺序，随意填写在里面，然后以最快的速度从1数到30，边读边用手指指出数字所在的位置，同时让其他人给自己计时。经常玩这个小练习，可以提升你做事的专注能力。

① 15秒钟以内
② 15-25秒钟
③ 25秒钟以上

跟上课开·小·差说拜拜

　　"丁零——"上课铃响了，这是一堂语文课，孙老师在讲台上绘声绘色地讲着，大约过了15分钟，丁丁就开始隔着过道小声地跟坐在左边的李清讲话了。这时候，孙老师突然停下来，给大家讲了一个故事。故事是这样的：

　　春秋时期，有个下棋高手叫弈秋，当时很多年轻人都想拜他为师。年轻人小甲对他说："老师，请您收下我吧。"年轻人小乙对他说："老师，求求您收下我吧。"就这样，弈秋收下了这两名学生。刚开始的时候，小甲和小乙都很认真地听课。可是过了些日子，小乙就开始不专心了，上课的时候他总是想着大雁什么时候飞过来，自己好张弓试试。结果，虽然同拜一个老师，小甲学有所成，小乙却未能领悟棋艺。

"请问李清同学，你听了这个故事后有什么感想？"

"听讲要专心。"李清低声说。

"说得好。大家也都说说，上课怎样才能做到专心听讲呢？"

王晓旭："我在文具盒上贴一个小纸条，上面写上'我要认真听讲'，经常提醒自己。"

梁小小："有时候发现自己走神了，我就会盯着老师的眼睛看，马上就不走神了。"

李明明："上课要跟上老师的节奏。碰到听不懂的地方，我就画一个○，然后继续听课，等到下课了再问老师和同学。"

张莉："我上课不专心的时候，就会主动向老师提问。"

......

"同学们说得真不错！以后大家上课可要认真听讲啊！"

听了老师和同学们的话，丁丁羞愧地低下了头，自己前一阵刚刚学会集中注意力，可今天又不小心犯了开小差的毛病。真是要谢谢孙老师的善意提醒和同学们提供的好方法。这节课，丁丁听得很认真。

1 学一学

　　好习惯1：任务式听课。 很多同学上课走神，是因为不知道这节课的学习任务是什么。在一节课刚开始的时候，老师往往会提出本节课学习的主要内容。这时候我们可以把这些内容记在一张白纸上，然后带着任务去听课，这样就比较不容易走神了。

　　好习惯2：用笔审题。 每次在做作业之前，先认真审题，用笔把题目的要求、条件中的重要部分画出来，以防止自己在做题的过程中走神出错。

2 想一想

　　有些同学上课特别容易走神，经常做小动作，而且一不小心就会开小差。如果你也是其中的一员，你有什么好办法来克服这个坏习惯呢？优秀教师们建议这些同学可以建立一个"上课走神记录本"。当上课走神的时候，可以按照"日期——课程——走神内容——走神时间"的格式记录下来。如："2010年11月3日——数学课——足球赛——3分钟"。用这个本子记录上一段时间，你就清楚自己走神的主要原因是什么了。以后把笔记本放在自己的书桌上，时刻用它来提醒自己，就可以慢慢地告别走神了。

3 玩一玩

　　和爸爸妈妈一起看一本漫画书，或者看一节完整的动画片（比如《喜羊羊与灰太狼》），然后马上合起书或关上电视，给爸爸妈妈详细复述出你刚看的故事；或者把刚看过的动画形象画下来。你还可以和爸爸妈妈一起扮演故事里的角色，把这个故事表演出来。这样做就能养成专心的好习惯啦！

上课之前要预习

　　丁丁清楚地记得网友"微风轻轻吹"说过，上课之前通过预习可以使注意力集中。可是该怎样预习呢？解铃还需系铃人。这天放学后丁丁又上线了，可他左等右等还是没见"微风轻轻吹"上线。没办法，丁丁只能用老师说过的办法了——在家遇到难题的时候，除了问爸爸妈妈，还可以利用身边的"小助手"——电脑。

　　于是丁丁在电脑上输入"怎样做预习"，一下子就搜索出来了好多教育专家提供的预习方法，丁丁根据自己遇到的问题总结了以下几点：

　　1. 预习应该按先后顺序进行，并积极地进行思考。思考本课主要讲的是什么内容，需要运用哪些已知的知识。如果发

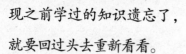

现之前学过的知识遗忘了，
就要回过头去重新看看。

2. 预习时，大体浏览
一下就可以，但一定要找出
自己不会的内容并做个标
记，将这些问题带到课堂
上，上课的时候认真听听老
师是怎么进行解答的。

3. 自己比较弱的科目
要多拿出点时间预习，自己比较擅长的科目可适当减少预习时
间。在掌握了丰富的预习经验后，再逐渐平衡各学科的预习时
间。

4. 语文预习着重熟读课文、画出生字词、查阅相关资
料；数学预习着重通读内容、圈出要点、标注疑点、尝试练
习；英语预习着重解决新单词和短语、读懂句子、熟读课文。

丁丁把自己的总结看了下说："噢！原来是这样啊！这下
我知道该怎么预习了！"

每天三分钟，收获好习惯

1 学一学

好习惯1：控制时间。 每次预习的时间不要过长，建议大家每门课程拿出10-20分钟的时间就可以了。

好习惯2：手脑并用。 在做预习时一定要注意"画、批、写、注"相结合。画——画出层次，找出重点；批——眉批，把自己的体会、看法写在课本空白处；写——将自己不懂的地方（无法解决的难点、疑点）整理出来；注——在教材上将疑难处用星号或者圆圈等符号标出来。

2 想一想

很多同学每天都预习新功课，但到听课时还是觉得一头雾水，就像没有预习一样，你知道这是为什么吗？其实，这是因为你的预习缺少了一个步骤，就是在每次预习之后，还要合上课本想一想：①下节课老师要讲什么（即学什么）？②和新课有联系的旧知识是什么？自己是否都掌握了？③有哪些不懂的问题需要上课时着重听老师讲解？④需要准备好哪些文具、资料？只有想清楚这些问题，才能让自己的预习落到实处，达到良好的效果。

3 练一练

如果我们能把预习的内容做成表格，就不会出现预习以后很快就忘记预习内容的情况了。现在就拿出笔，用下面的表格把明天的新课预习一下吧！

预习章节	预习内容	相关旧知识	疑难问题	体会、感悟

005 金光知道怎样回答老师提问

　　别看丁丁平时活蹦乱跳，有时候胆子却很小，尤其是老师每次提问的时候，他都不敢举手。可是，有时候老师却偏偏点了他的名，他感觉很苦恼，就向同桌金光取经了。金光是班级回答问题的积极分子，他说："我就是喜欢回答老师的问题。一方面，可能是由于我表现欲比较强；另一方面，通过回答老师的提问锻炼了我的胆量和表达能力。"

　　丁丁羡慕地说："那么到底怎样才能回答好老师的提问呢？"

　　金光说：

　　首先，回答问题的时候你要大方点，不就是把自己心中的想法说出来嘛！害怕什么呀！不要怕说错，不要怕别人笑话；

想多少说多少，会一句说一句，会两句就说两句。

其次，你在回答的时候要冷静，情绪不要激动。

再次，很重要的一点就是在课堂上要集中注意力听讲。老师提出的问题，一般都是当堂所讲的问题，老师在对你提问的时候，要立即对问题进行分析，思考问题的答案，即使觉得自己回答得不好，也要把心中的想法说出来。

"原来这么简单啊！好吧，谢谢你，这节课我就试试。"丁丁高兴地说。

这节课是数学课，李老师又点了丁丁的名，丁丁不慌不忙地站起来，根据金光提供的方法，再结合自己的理解，流利地回答了老师的提问，尽管跟正确答案不是完全一样，可他还是受到了老师的表扬。

丁丁坐下后，金光冲他眨眨眼睛，好像在说："看！我说的很正确吧！"

从此，丁丁也跨入了上课回答问题的"积极分子"行列。

学一学

好习惯1：多想几个"为什么"。有的同学性格偏内向，上课习惯以听为主，不爱发言。优秀教师建议这部分同学在课堂上要多想几个"为什么"。自己有疑问，或者跟老师有不一样的想法，要敢于提出来，或者课后找机会及时和老师沟通。

好习惯2：自我暗示法。对于那些站起来回答老师问题会感到害羞的同学，不妨在站起来之前小声地在口中默念：我是最棒的！这招可以帮你战胜胆怯的心理。

想一想

如果在课堂上你有不会的问题，但又不能打断老师的讲课，或者不好意思问老师，这时候你该怎么办呢？你可以试着用这种办法：找出一张小纸条把自己上课时没有弄懂的问题都写在小纸条上，下课后把纸条递给老师，请求老师帮助自己解答。这样做不仅可以有效地完善听课质量，还可以加强和老师的沟通，让老师及时了解自己的学习状况，还能与老师成为好朋友。

玩一玩

用你的名字回答。这个游戏的规则是：每个同学在回答问题时，要用自己名字的拼音的第一字母来寻找答案。例如，发问者问："孙（s）明，你最喜欢哪一门课？"孙明回答："数（s）学。"然后发问者再问下一个同学，比如说："刘（l）姗，你的头发是什么颜色的？"刘姗回答："绿（l）色。"如果有同学回答不出来，他就出局了，最后留在游戏中的同学就是获胜者。

说明：被问者的答案不一定要符合现实情况，只要符合游戏规则即可。

我要理解，我要思考

　　周三上午的第二节课又是数学课，李老师在讲完课后对同学们说："大家要好好理解公式，不会的同学可以现在举手提问，一会儿咱们要对这节课学过的内容进行一次小测试。"丁丁扫视了四周，没看见有人举手，他也不好意思举手，心想："我把老师讲过的题目都背下来，应该可以应付测试。"

　　过了10分钟，老师把测试题发下来了。丁丁一下傻了眼："老师不是要考讲过的内容吗？怎么不是老师讲的那道题目呢？"结果，这次测验丁丁得了个不及格。

　　下课后，李老师找丁丁谈话，问他测验没有做好的原因。丁丁说："老师，您课上讲的例题我都背下来了，但我对题目不理解，也没有经过思考，所以测试题我都不知道怎么做。"

　　"丁丁呀，你能够发现自己的不足，这很好。我给你讲个

故事吧。古时候有个学者叫陆澄，不论走到哪里，他手里都会拿着一本书不停地读。可是，当他把这本书背得滚瓜烂熟的时候，却还是不明白书中的道理。原来，他从来没有停下来对书中的知识好好地思考和理解，所以他被大家戏称为'书橱'。可见，勤于思考、注重理解也是我们需要养成的学习习惯，这个道理拿到课堂上也是一样的。"

"嗯，老师我明白了，以后我在课堂上会多动脑筋，争取当堂知识当堂理解！嘿嘿，遇到不会的知识我也一定会提问的。"

"你这个机灵鬼！"

李老师和丁丁都笑了。

好习惯1：做一个问题清单。把课堂上没听懂的问题全部整理在笔记本上，列出一个问题清单，然后课后找机会问老师，弄懂一个画掉一个。等你把不会的问题全部消灭了，那就说明知识基本上都已掌握了。

好习惯2：按提纲听课。考入中国人民大学的韩高亮同学在谈到他的学习经验时说："我觉得上课抓好课堂重点是非常重要的，我上课时就特别注意老师板书的提纲，按提纲进行学习。这种听课方式不仅可以实现对课堂45分钟的充分利用，而且听起课来人的头脑也会更清晰。"

和那些上课不敢回答问题的同学相反，有的同学回答问题十分积极，但是每次回答要么和老师的提问无关，要么就是回答不全面。这是为什么呢？对于这些同学，首先要养成先思考再举手的习惯。比如，在其他同学朗读课文的时候，你可以拿起铅笔，一边认真听同学读，一边在他读错字、断句不对的地方用笔画出来；在同学板书做题的时候，也不要急着指出同学的错误，而是一边思考一边耐心地看同学做完，再下结论。

奇怪的等式

一天，李雷和韩梅梅分别坐在桌子的两旁看一个等式，他们为这个等式争得面红耳赤，李雷说："这个等式是正确的。""不，这完全是错误的。"韩梅梅说。

为什么他们会各执己见呢？猜一猜，他们俩到底看的是一个什么等式呢？

换新老师我也不怕了

　　丁丁最近一下开始犯糊涂了。因为换了一位新的英语老师，他感觉很不适应老师的讲课方式。原因是这位新老师有时候会讲很多课外知识。全听吧，一节课听下来会感觉很疲劳；不听吧，又害怕自己稍不留意就错过了老师讲解的重点。听还是不听？丁丁很苦恼。

　　回家后他把这件事情告诉了做高中老师的叔叔，叔叔笑着对丁丁说："每个老师都有不同的教学风格，所以不管老师是谁，你要做的就是弄清楚自己在课堂上应该听什么。"

　　"那叔叔您告诉我，上课我该听什么呢？"

　　叔叔笑了笑说：

　　首先嘛，你得听老师讲课中的要点啊，有时候老师会善意地提醒"丁丁同学，上课睡觉容易感冒哦"，这句话就跟课堂的要点没有关系。但是如果老师说"请注意""下面这一点非常重要""请大家做笔记"这些提示语时，他就是要讲重点和要点了。

其次，不光听知识点，还要着重听老师解题的方法。听一听老师在解答一道题目的时候，是从什么地方入手的，用了什么样的方法，如在四则混合运算当中，老师讲这道题目是用的交换律、分配律还是结合律。

再次嘛，还要着重听自己不会的问题。一节课中，你会遇到很多自己不理解的问题，一定要将这些问题记下来，课堂上举手问老师或者课外问同学。

"叔叔真不愧是好老师，我现在知道在课堂上听什么了！即使换新老师我也不害怕了！"丁丁高兴地回答道。

每天三分钟，收获好习惯

1 学一学

好习惯1：猜想发言的同学会说什么。当课堂上老师提出问题时，自己不要急着回答，先静下心来想一想，如果这个问题由我来回答，我会怎么说；如果让其他同学来回答，他们会怎么说。

好习惯2：思考以后再发言。把同学的观点与自己的观点进行比较，思考他说的有没有道理。如果觉得和自己的观点不同，就可以举手用"我认为……""我想补充说明……"等方式与大家交流。

2 想一想

很多同学在听课时，常常忽视开头和结尾，觉得开头语不是"正文"，可听可不听；结束语是讲课的"重复"，已经听过了，就可以不用再听了。因此他们在上课开始和结束时常常心不在焉。实际上这是大错特错的。老师讲课的开头虽然简短，但却是整节课的提纲。我们只有抓住这个提纲去听课，课上的内容才能听得清楚明白。结尾的话也不多，却常常是一节课精要的提炼和复习时的重点，不容忽视。这也是很多优秀学生听课时感觉轻松的一个小窍门。

3 练一练

认真听爸爸妈妈或者同学念出下面这段话，然后回答问题：

一辆载着33名乘客的公共汽车驶进车站，这时有5个人下车，6个人上车；在下一站上来12人，下去8人；在下一站下去9人，上来11人；在下一站没有下车的，上来6人；在下一站又下去4人，上来18人。接着，公共汽车继续往前开，到了下一站下去了7人，没有人上车；在下一站下去10人，上来3人；下一站上来3人，下去1人。

现在，请你回答：这辆公共汽车一共停了几站？

第二章
丁丁学会记笔记

"好记性不如烂笔头"，丁丁总是听老师说这句话，觉得老师就是要求自己多做练习、多写日记。后来他才慢慢知道，原来，"烂笔头"还有一层意思，就是勤记笔记。记笔记是提高学习效率的最好的办法之一。养成这种好习惯，你的学习就能事半功倍了！

聪明的丁丁是怎样学习记笔记和整理笔记的呢？

哪个数字最懒

金光在认真做作业，丁丁却在偷懒玩橡皮。

你猜哪个数字最懒惰，哪个最勤劳？

？？？

1最懒惰，
2最勤劳。

因为"一（1）不做二（2）不休"嘛。哈哈。

课堂笔记应该记什么？

"丁零——"下课了，同学们都在一起聊天，丁丁也围过去凑热闹。大家聊着聊着就聊到了丁丁现在最头疼的问题——怎么记笔记了。

"每节课老师都会有几十分钟的时间在讲解，而且老师讲的内容那么多，我们的课堂笔记到底要记哪些呀？"丁丁发出了这样的疑问。

"是呀，到底该记什么呢？"李清也这样问。

看到这对难兄难弟，同学们笑了笑，纷纷告诉了他们自己的应对方法。

李明明说："记提纲。记好课本的提纲，就可以帮自己理清思路。"

学习委员张莉补充道："记思路。思路弄明白了，做题也就好做了。尤其是数学题，要记下老师是从哪个条件入手开始分析的，又是怎么分析的，这些都需要记清楚。"

班长王晓旭说："记补充。在一节课中，老师会经常补充一些内容来强化重点。记下老师补充的内容，就能将这些知识理解的更加深刻。"

刘浏说："记总结。我都是记录好老师总结的内容，这样会使学习内容一目了然。"

王珍珍说："哈哈，我觉得还可以记感悟。上完一节课了，自己对这节课理解得怎么样，自己还有哪些地方不明白，等等，这些都需要记下来，便于日后复习和巩固。"

听完了大家的话，丁丁和李清恍然大悟，对笔记该记什么也一清二楚了。

1 学一学

好习惯：笔记要分科。不同的学科记笔记的方法有所不同，而且混用笔记本有时候会很乱，复习起来不方便，学习效率不会高。因此每个学科都应该有一个专门的笔记本，包括语文、数学、英语、科学，等等，这是养成良好学习习惯的基础。

2 想一想

有些学生觉得，反正老师讲的是同一内容，其他同学记了，自己就不用记了，下课抄一下别人的就行了。你赞同这种想法吗？其实，这是在给自己的懒惰找借口。笔记可以加深对老师讲课内容的理解并提高自己的注意力，如果不记笔记，上课效率就会大大降低。而且，不同的人对同一问题的理解不同，记笔记的角度和方法也不同，试想，你拿着别人的笔记怎么能解决自己的问题呢？

3 练一练

准备一个笔记本，自己给自己出考题。比如：把语文课文中的精彩句子记录下来，省略重点词语或者标点，编成一道让自己练习词汇和标点的填空题。举例如下：

希望源于失望，奋斗起始于忧患，正如一位诗人所说：有饥饿感受的人一定消化好，有紧迫感受的人一定效率高，有危机感受的人一定进步快。

这段话可以改编成：

希望源于（　　），奋斗起始于（　　），正如一位诗人所说：有（　　）感受的人一定消化好，有（　　）感受的人一定效率高，有（　　）感受的人一定进步快。

根据理解把括号中的内容填好，你是否觉得对这段话的记忆更深刻了呢？

009 我们开了一次讨论班会

　　周四下午的第一节课是班会讨论课。班主任孙老师留意了一下，最近班里的同学在课后谈论起怎么记笔记，所以她提出的讨论主题就是——"我们该如何记好笔记"。

　　首先发言的是"智多星"李玲玲。她说："我认为记笔记的时候，最好给每一门课准备一个单独的笔记本，准备两种不同颜色的笔，我都是用蓝笔记录、用红笔补充。"

　　等李玲玲回答完后，班长王晓旭也不甘示弱，他说："我觉得记笔记一定要层次分明，一目了然。记录时可以这样写：①……　②……　③……"

　　"大家都说得很好，谁还有好的想法？"孙老师说。

　　"提高书写速度。"不知是哪个同学小声地说了这句话。还是孙老师眼尖："请王丽同学起来说说吧。"

　　"我觉得笔记通常只给自己看，所以要想提高笔记效率，就可以用特定的符号和自己可以看懂的简洁语言记录。如用eg代表例子，用A代表答案，用※代表重点，用↑表示增加的意思，等等。"

　　"女生都回答得很好，我们班小男子汉的意见呢？"

　　丁丁曾经在一本书上看过这个问题，于是他噌的一下站起来了："男子汉在这儿呢！我认为，笔记本的每页上下左右，都要留适当的空间，以便于复习时加上自己的心得、疑问或者老师补充的其他资料。"

　　孙老师满意地点了点头，她说："同学们的回答都很不错，大家把这些意见都落实到实践中去，你们的笔记就可以记录得很出色了！"

好习惯1：写一写听后感。中考状元袁振同学在谈到记笔记的心得时说："我会在上完新课后马上写一篇听后感，记在笔记本上。过一段时间就把笔记本拿出来看看，这样做不仅加深了我对课堂知识的理解，还锻炼了自己的写作能力。"

好习惯2：建立电子笔记。在自己的电脑里建立一个文件夹，分科建立一个word文档，把上课时记的笔记输入到电子文档中，这种笔记虽然要花费你一些时间，但是有两个很大的优点：存储量大；修改方便。有时间的同学可以试一试。

有的同学会有这样的疑问：笔记是在听课过程中进行的，边听还要边记，注意力很难集中。其实，听懂是最终目的，如果记笔记妨碍自己听课的话，那就干脆不记。但上课的时候也要拿一支笔，记下老师说的那些对自己有启发的话。

课堂笔记如果能和课前预习结合起来，效果会更好。北京实验小学的优秀教师为我们总结了一种表格，大家可以试着运用到平时的学习中。

课前预习	课堂笔记
学习重点：	老师有哪些补充
疑难问题：	老师如何讲解，自己是否听懂
自己的心得：	有没有新的体会
其他补充：	

怎样提高记笔记的速度？

放学回家后，爸爸看见丁丁吃饭时闷闷不乐、若有所思的样子，就问丁丁："你怎么了？不舒服吗？"丁丁摇了摇头说："不是的，爸爸。我按班会上其他同学们说的方法认认真真记笔记了，可是由于我写字很慢，记笔记要花半天的工夫，结果课没听好，笔记也没有记全。所以，我在想怎么才能把笔记补上。"爸爸听了后，笑着对丁丁说："我们家儿子真用功！不过，什么事情都是讲究方法的。要不，你上网查查看看其他同学都是怎么解决这个问题的？"

丁丁听了爸爸的话，吃完饭后和爸爸一起打开电脑，上网输入了"如何提高记笔记的速度"，结果在浏览了网页后，丁丁总结了以下几点：

1. 老师讲的有些重点在课本上就能找到。这种内容就不用详记，只要用笔在课本上勾出就可以，或者在笔记本上直接写明"出自课本第×页第×段第×行"。

2. 参照老师的板书，可以在笔记本上给自己也设计一个类似的内容提纲。如①本文中心；②时间、地点、人物各是什么。

3. 对于一些可以推测其意思的长句，可以只记句首一词。比如在记《美好的一天》的中心思想时，可以记为："叙述……歌颂……表现……"具体内容可以从课文、听课、课后练习中得到补充。"

丁丁觉得第一和第二点看起来都很不错，所以他就选用了这两个方法。结果，第二天上课的时候他记笔记的速度提高了很多。

1 学一学

好习惯1：先听后记，抓住重点。 在大家记笔记的时候一定要先听明白然后再记，否则，只顾记笔记而没有听清老师讲的内容，那就是舍本逐末了。

好习惯2："符号法"速记。 笔记通常都是只给自己看的，因而可以随意使用任何符号来加快记录速度。例如："eg.——例如" "∵——因为" "∴——所以" "→——推出"。

2 想一想

有些同学写字较慢，上课一边听讲一边记笔记会应付不过来，甚至为了抄笔记而耽误了听讲，跟不上老师讲课的思路。遇到这种情况，你该怎么办呢？优秀教师建议大家可以采用在课本上作旁注的方法来记笔记。把老师的讲解重点例如一些词语的解释、重点的段落，或用画线、或用自己喜欢的符号、或写一些简单的注解等在课文中标注出来。这样就能节省时间，有利于我们集中精神。

3 练一练

语文课上，老师教大家组词的好方法，你在笔记上记下了组词的规律：前一个词的后两字调换位置之后，就是一个新词。例如：一堆书（书堆）、一辆车（车辆）……下面，根据这个规律，在课后把笔记补充完整：

一壶水（ ） 一堂课（ ） 一块冰（ ） 一杯茶（ ） 一张纸（ ）
一片药（ ） 一间房（ ） 一粒米（ ） 一盆花（ ） 一件事（ ）

老师表扬丁丁了

又到周一孙老师检查笔记本记录情况的时候了，同学们纷纷把自己的笔记本交到讲台上后，乖乖地坐在座位上等着孙老师检查。大约过了10分钟，孙老师就把同学们的笔记本全部检查完了，她露出了欣慰的笑容，就好像脸上开出了一朵花。她笑眯眯地说道："自从上次班会课以后，同学们的笔记本记录得都很不错，但是咱班的丁丁同学做得最好，他用的是传说中的'图表记笔记法'。"

"咦？图表记笔记？好像没听过啊……"同学们小声地议论着。

"咳咳，图表记笔记法……是这样的，丁丁同学你还是亲自给大家讲解下吧。"孙老师微笑着说。

丁丁很不好意思地站起来说："我记笔记的方式很简单，

说白了就是用表格的形式来帮助自己，这样省时省力，自己在看的时候还可以一目了然。"

"那到底怎样记呢？"丁丁说得同学们都有点茫然了。

"大家可以这样记。"说着丁丁就走向讲台给大家画了一个图表。

课文	主人公	中心
《桥》	老共产党员	赞扬老共产党员无私无畏、不徇私情、英勇献身的崇高精神。
《晏子使楚》	晏子	聪明机智的晏子巧妙地反驳了楚王的侮辱，为齐国赢得了尊重。
《题西林壁》	苏轼	只有客观地研究事物的各个方面，才能取得正确的认识。
《观潮》	作者本人	写出了大潮的奇特、雄伟、壮观。

同学们看了丁丁的图表后，都发出"真清晰"的赞叹声。丁丁不好意思地笑了，不过心里却很得意地想："哈哈，妈妈教我的这个记笔记的方法还真不错！"

学一学

好习惯：笔记本要多留空间。不要吝啬纸张，笔记本中每页的上下左右，都要留适当空间，以便温习时加上自己的心得、疑问或者补充其他资料。此外，如果有绘图的话，一定要大而清楚，以增强笔记的视觉效果，便于自己温习。

想一想

你知道吗？记笔记的好习惯不仅能帮助我们掌握课堂知识，还能让我们积累大量的课外知识。我国著名作家钱钟书有很多厚厚的笔记本，他每读一书，都会做笔记，摘出精华，指出错误。后来，他的文化知识越来越渊博，被大家誉为"文化昆仑"。

练一练

美国康奈尔大学的研究者曾总结出一种有效的笔记方法，几乎适用于做一切学科的课堂笔记。样式如下图：

课程名称：	
章节：	
听课时间：	
主栏：	回忆栏：
思考栏：	

具体方法是：1.记录。将听课内容记在主栏里。2.简化。下课后用摘要形式将主栏笔记概括成简洁的要点，写在回忆栏里。3.背诵。把主栏遮住，只看回忆栏的要点，用自己理解的语言复述上课内容，然后敞开主栏，对照检查。4.思考。在思考栏中，记下自己的学习心得和体会。5.复习。每周花10分钟左右时间快速复习笔记，主要看回忆栏，适当看主栏。

该整理笔记啦！

这周二，数学课李老师要对大家学过的前两章进行课堂小测验，所以周一下午的最后一节课，李老师把课堂时间留给了同学们，要求他们自己针对笔记本进行小复习。丁丁打开自己的数学笔记，才突然发现自己记的内容杂乱无章，看起来还真有点吃力。这可怎么办呀？丁丁用指头戳了戳前桌"智多星"李玲玲，李玲玲把她的笔记本给丁丁看了，她记得很规范、很有条理，而且重点突出、一目了然。

丁丁纳闷了："你的笔记怎么记得这么清楚？"

李玲玲对丁丁说："不知道了吧，我的笔记其实是整理过的。以前我也不会整理，课堂笔记记得也很乱，后来为这事我特地去问了孙老师，孙老师告诉我，整理笔记要做到'补、改、编、舍'四个字。"

补，就是修补。补上上课时自己没来得及详细记录的内容。比如课上用"……"代替的内容，就要及时地补全。

改，就是修改。笔记的整理工作一定不要忘记对错字、错句及其他不够确切的地方进行修改。

编，就是编序号。要使笔记看上去有条理，就需要用统一的序号，梳理好笔记的层级顺序。如"一、二、三""1. 2. 3.""甲、乙、丙"，等等。

舍，就是舍弃。整理笔记时还需要删掉那些无关紧要的内容，使笔记一目了然，留下的都是重点。

听了李玲玲的话后，丁丁就开始按照孙老师说的方法整理笔记了，整理完后他还和金光交换了看，你看我的，我看你的，他俩在比谁整理得更清楚呢。

学一学

好习惯：记录自己的薄弱环节。 笔记是给自己看的，整理时就要根据自己的情况，对薄弱环节和感受深的地方，多记一点，记详细一点。比如说，解题技巧较差，就不妨常常记下一些典型的例题，注明解题的思路和方法等。在听课、和同学交谈或看书的时候，发现有比自己更简捷的解题办法，也应把它记到笔记中。

想一想

因为需要花比较长的时间，所以有的同学不赞成整理笔记。上海外国语学院的尖子生钟伟民同学却认为，整理是做好笔记的一个重要环节，这样做的学习效果比多看几遍书要好得多。因为教科书较厚，复习时很难抓住重点，而根据自己掌握知识的实际情况整理出来的笔记，突出了内容的重点、难点。虽然整理笔记要花去一定的时间，但是整理好的笔记更适合自己阅读、复习。同时，整理笔记的过程也是自己进一步消化、理解课堂上所学知识的过程。因此，花这个时间是值得的。

 **练一练**

试用分类整理法，对下面的英语单词进行分类：

book	cat	cow	dog	exercise–book
flower	grass	horse	leaves	month
pencil	rose	ruler	rubber	sheep
today	tree	year	week	tomorrow

第三章
做作业也有小窍门

做作业是学习中的一个非常重要的环节，它是我们巩固课堂知识、提高学习能力的重要途径。以前，丁丁一直把做作业当成一种负担，后来他发现，只要有正确的态度和良好的习惯，什么作业都能轻松搞定！

丁丁要认真做作业

013

周二的数学测验成绩下来了，丁丁考得并不理想，李老师还要家长在试卷上签字，这可难倒了丁丁，"考得这么低，爸爸妈妈知道了该怎么办呢？"

回家后，妈妈看见丁丁愁眉苦脸的，就问丁丁怎么了，丁丁说："我考试考得不好，可是我已经很认真地上课、做笔记了啊！"

"那你认真做作业了吗？"

妈妈的一句话羞得丁丁满脸通红。他回想了一下自己每天做作业所经历的情景：放学后总是先玩，最后才做作业；做作业总是马马虎虎，字迹潦草；第二天作业本上会得很多红叉，有时候老师还会要求我重写作业……

看到丁丁脸红了，妈妈接着说："作业是对上课所学知识

的检查，宝贝儿你可要认真对待哦！首先，你每做完一道题目就想一想：这道题是针对课本的哪部分内容？能不能换一种方法把它做出来？其次，做作业时不要图快，一定要看清题目的要求。再次，做作业时一定戒掉马虎的坏习惯，把会做的题都争取做对，遇到不会的题目要标记出来。我提的这三点要求，你能做到吗？"

"嗯！要是您能闭着眼睛给我签一下您的名字，我就保证做到！"

"这有什么难的。"说着妈妈闭上眼睛，在丁丁指定的地方签下了她的大名。丁丁咯咯地笑了。妈妈睁开眼睛一看，是一份数学试卷，上面写着：丁丁 79分。

妈妈知道中招了，有点无奈地说："你这个调皮鬼！下不为例啊！"

"嗯，我以后一定端正态度，认真做作业！"丁丁一边说着，一边高兴地拿着试卷跑开了。

每天三分钟，收获好习惯

好习惯1：做到字迹清晰。大家在平时做作业的时候，一定要注意书写规范，字迹清晰，一笔一画地写清楚。只有平时养成了这种好习惯，考试的时候才不会因为书写问题丢分。

好习惯2：先复习后作业。在做作业之前先把老师课上讲的内容认真看一看，例如数学课，回忆一下，老师讲了哪些定理和公式？这些定理、公式是怎样得出来的？解答例题时用了哪些方法？弄清楚这些问题之后再去做作业，就能在作业中检验出自己的学习情况了。

做作业到底有什么用呢？高考状元张智同学在谈到自己的学习经验时，他特别强调要从小养成认真做作业的好习惯，他说，做好作业是保证学习顺利和成绩提高的重要一环，尤其作业中出现的让我们感觉生疏的内容，一定是我们听课时遗漏了或者没听懂，所以要在做作业的过程中把这些问题及时解决掉。

很多同学没有认真做作业的习惯，是因为对做作业的目标不明确。在每次做作业之前填一下下面的表格，可以使你做作业的目的更明确！

科目	上课学到的内容	老师布置的作业	我要掌握的知识

我要及时完成作业

"丁丁来吃饭喽！妈妈给你做了你最喜欢吃的糖醋鲤鱼哦！哇！真香啊！"妈妈一边翻动着锅中的铲子，一边对丁丁说。

丁丁一听是糖醋鲤鱼，馋得口水都流出来了，于是他赶紧扔下手头的作业，一下就坐到餐桌边，等着妈妈的糖醋鲤鱼上桌。

"宝贝儿，作业写完了没有？"妈妈问丁丁。

"当然写完了！"丁丁回答得很大声。

"丁丁真乖，快吃吧，小心点儿，看着鱼刺噢！"妈妈善意地提醒丁丁。

不等妈妈说完，丁丁就狼吞虎咽地吃了起来。等丁丁吃完饭，再看完动画片，已经是晚上九点了，丁丁困得都睁不开眼

睛了，他什么也没干，就上床睡觉了。

第二天，老师在评点作业的时候，只点了丁丁一个人的名字，不是因为他作业做得特别好，而是因为——他的作业没完成！

丁丁的脸羞得跟红苹果似的，他感觉全班同学都在望着自己。这时他才突然想起来，昨晚他为了吃妈妈做的糖醋鲤鱼，作业根本没做完，后来又看电视，今天一到学校就急急忙忙把作业交上了，连看也没看！

"都是妈妈做的鱼惹的祸，以后我一定要及时地完成作业！"丁丁在心里暗暗地想。

好习惯1：小纸条提醒。 如果害怕自己忘记哪些作业要做，不妨在铅笔盒上贴一张小纸条提醒自己，把今天布置的作业内容都写在上面，如：数学课后题、语文课文背诵、英语单词听写。这样做你就不会遗漏作业了。

好习惯2：定一下时间。 对于回家后喜欢先玩耍后做作业的同学，不妨用闹钟定一下时间。比如下午5点放学到家，留出半小时休息时间，把闹铃定到5点30分，铃声一响就要求自己马上开始做作业。

有的同学平时做题都不错，但是一到考试就考砸，这是为什么呢？考入清华大学的蔡国良同学给了我们一个好建议：把每次作业都当成是考试。他认为，大多数同学平时做练习的环境过于松弛，比如，有的同学喜欢做作业的时候听听音乐、吃吃零食，这种习惯很不好。他建议大家在平时做题时，给自己制造一点考试的气氛，比如给自己规定做一道题目的时间，或者把做题当成一次小考，请别人打分。这样长期坚持，到真正上考场了就不会感到紧张了。

从1到100的和

数学家高斯小时候很喜欢数学，有一次在课堂上，老师出了一道题："1＋2＋3＋4＋5……一直加到100，和是多少？"过了一会儿，正当同学们低着头紧张地计算的时候，高斯却脱口而出："结果是5050。"你知道他是用什么方法快速地算出来的吗？

做完作业要检查

周四放学回家后，丁丁对妈妈说："妈妈，我可以打电话叫王珍珍来我们家写作业吗？"

"可以啊！随时欢迎你的同学！"

丁丁心里偷着乐，心想："嘿嘿，今天作业这么少，写完了可以跟珍珍出去玩了！"

于是丁丁就给王珍珍打了电话，不一会儿，王珍珍就到了。

"咱们先写作业吧！"

"好的！"

过了25分钟，丁丁一边收拾作业一边问王珍珍："你写完了吗？我可写完了哦！"

"我还有一点儿呢！不过，我写完以后还要检查的！"

"检查？哈哈，那不是很浪费时间吗？我做完作业后从来不检查。"

"可是丁丁你想想，你做作业的目的是什么呢？不就是要做对吗？我可不想得叉叉。"

丁丁脸红了，自己的作业本上经常会有很多叉叉。

"那你是怎么检查的呢？"

"我妈妈教我这样检查作业：一是顺序法，就是按照做题的顺序，一步一步进行检查，看有没有错误。二是对照法，就是把做出的答案同参考书上的答案进行对照，看有没有错误。三是代入法，就是把结果代入公式或原题中，看是否合理。四是和同学互相检查，比如你检查我的作业，我检查你的作业。"

"嗯！我先按前三种方法试试，然后咱们再交换着检查一下。"

"好的！"

第二天，丁丁交上去的作业只得了一个叉。珍珍教的检查法还真管用呢！

每天三分钟，收获好习惯

好习惯1：专拣错误练习。 对于自己在作业中常犯的错误，如：总是点错标点符号，大家可以从作业中专门挑出带有标点符号的内容进行检查。通过不断的练习，就可以让自己不会在这个问题上再出错。

好习惯2：善于利用错误。 每次做完作业后，如何处理那些检查出来的错误呢？高考状元吴兵在谈到自己的学习经验时说，我们不能放过在作业中检查出来的错误，最好把这些错误整理在错题本上，并写出出错原因。等到以后复习时就可以着重注意。

有时候同学们在课后的作业量会比较大。在这种情况下，大家该如何顺利完成作业呢？你不妨试试"间隔做作业法"：把一天的作业分成几个部分，分两次或三次来做，中间穿插5-10分钟的休息时间。这样做既能保证效率，也不会让自己太累。以后，随着自己长大了，做作业也越来越专注，就可以逐渐延长做作业的时间，减少休息时间。

标点虽小，作用却大。如果不仔细检查的话，你写出来的话就会有完全不同的意思。把下面这个句子不同断句的不同意思找出来：

1.弟弟找不到，爸爸妈妈很着急。　　①爸爸丢了，着急的是妈妈。

2.弟弟找不到爸爸，妈妈很着急。　　②弟弟丢了，弟弟着急。

3.弟弟找不到爸爸妈妈，很着急。　　③弟弟丢了，着急的是爸爸妈妈。

016

李明明能用三种方法解题

由于上次课上老师点了丁丁的名，丁丁觉得自己没有及时交作业，很丢人，所以后来很长一段时间内，他的作业都按时完成、及时上交了。这节课是数学课，李老师对同学们说："大家的作业都做得不错，尤其是丁丁同学，在作业方面有很大的进步。但是咱班的李明明同学对一道题目却给出了三种解法，他的作业质量是非常高的。"

说着，李老师就开始板书了：

某建筑工地，第一天用6辆汽车运沙子，共运96吨，第二天用同样的12辆汽车运沙子，问：第二天比第一天多运多少吨沙子？

"同学们一般是先求一辆汽车一天运沙子的吨数，再求12辆汽车一天运沙子的吨数，减去第一天运的吨数就是所求：式

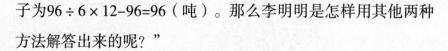

子为96÷6×12−96=96（吨）。那么李明明是怎样用其他两种方法解答出来的呢？"

"我是先求出12辆是6辆的多少倍，再求12辆汽车每天运的吨数，最后减去6辆汽车每天运的吨数：96×（12÷6）−96=96（吨）。

"第二种解法我是先求一辆汽车一天运的吨数，再求第二天比第一天多几辆车，多的几辆车所运的沙子就是第二天比第一天多运的：96÷6×（12−6）=96（吨）。"

同学们一听，都小声赞叹起来，一起为李明明鼓起了掌。

李老师总结说："李明明同学做得很好，大家以后在做作业的时候，要像他一样多多注意一题多解，这对平时的学习和以后的考试都是很有帮助的。"

丁丁也很认同老师的说法，但他更羡慕李明明得到表扬，他想："我要是能在做作业的时候学会一题多解，像李明明那样受到老师的表扬，那该多光荣啊！"

好习惯1：归纳总结法。归纳总结是学会一题多解的重要途径。比如老师在讲解某一道题或者某一类题型时用了多种方法，这时你就要把这些方法都整理在题目的下面，思考老师都是从哪些方面进行解答的。经过不断积累，就可以大大提高自己一题多解的能力。

好习惯2：重视基础知识。基础知识和基本技能是解决问题的基础，又是一题多解必备的前提。所以平时大家要努力掌握好基础知识，夯实学习基础。

一题多解是一种要求比较高的学习能力。对于那些成绩一般的同学来说，应该怎样提高一题多解的能力呢？高考状元张思思同学为我们提供了一个切实可行的方法，那就是做课本例题，她说："课本上的例题是最具有代表性的题目，能强化同学们对概念、公式、定理的理解；另外，许多试题都是书本例题和习题的变体。所以好好掌握书本中的内容，把课本上的例题研究透彻，这样才能慢慢学会融会贯通、举一反三。"

用一题多解的方法解答下题：

两辆汽车同时从甲、乙两地相对开出，5小时后相遇。一辆汽车的速度是每小时55千米，另一辆汽车的速度是每小时45千米，甲、乙两地相距多少千米？

从作业错题中进步

017

　　周五下午的第二节课是自习课，丁丁正在埋头做英语题目。这时候英语课张老师走进了教室，她看见丁丁的课桌上放着英语作业本，就顺手拿起来看了看。丁丁发现张老师在看自己的作业本，心里很紧张，也很不好意思。他知道自己的英语不好，作业本中有很多错误。他心里嘀咕："老师看我的作业本是什么意思呢？"于是他一边假装做题，一边为自己捏了把汗。

　　下课后，张老师找丁丁谈话，她问："丁丁，你知道你英语成绩不好的原因吗？"

　　"我单词记不好，还有……我不够勤奋。"丁丁知道自己逃不过这场"灾难"了，于是他老实地交待了原因。

　　"这只是其中的一个原因。今天上课的时候我看了你的作业本，发现一个大问题，就是你并没有对作业中的错误进行改正。"

丁丁惭愧地低下了头，他有时候仗着自己的小聪明，觉得错题只要老师讲过了，自己就会了，没必要在作业本上改正；有时候是因为贪玩，做错了的题目也懒得改正。

"丁丁啊，你是个聪明的孩子，可是就是因为你不从错题中吸取教训，所以英语才学不好的。对于做错了的作业要及时地改正和总结，要不然，这次错了，下次你又会做错的，长此以往，你想想你还能取得进步吗？"张老师语重心长地对丁丁说。

丁丁听了老师的话，感到很惭愧，他觉得老师说的很正确，于是他拿出错题本，把作业本上的错题都一一进行改正了。

每天三分钟，收获好习惯

1 学一学

好习惯：用活页本整理。 对于作业中出现的错题和典型题目可以记在活页本上，比如在活页本的正面记题目，反面记解答。这样方便自己摘录和复习。

2 想一想

很多同学有个坏习惯，那就是每天的作业做完后就扔在一边，也不管自己做对了还是做错了。中考状元李文明同学认为不应该这么对待作业，他说，每次做作业时他会用蓝笔写，老师批改之后，对于自己做错的题目，他会用红笔标记，并在原题下面写上正确的解法。过一段时间，他会再次把作业拿出来温习，对于红笔标记的地方，他会很认真地思考并提示自己：这些地方有陷阱，一定要小心应对。所以对于之前做错的题目，他几乎不会再错第二次。

3 练一练

小白的时间表

小白向妈妈辩解，一年365天，她几乎没有时间学习。她列出一个时间表，让妈妈大惑不解。你知道其中的奥妙吗？

睡觉（每天8个小时）	122天
双休日	104天
寒暑假	60天
用餐（每天3个小时）	46天
娱乐（每天2个小时）	30天
总计	362天

班级的作业调查表

放学回家后，妈妈看见丁丁趴在桌子旁，认真地又是写又是画的，就悄悄地走过去，想看看丁丁到底在干吗。原来，丁丁是在做一份班级问卷调查表，他给出了这样的结果：

1. 在班里的学习成绩

A. 优秀　　B. 中上　　C. 一般　　D. 中下

2. 平时喜欢写的作业练习（注：此题为多选题）

语文：A. 抄写题　B. 作文题　　C. 预习　　D. 复习

　　　　E. 听写　　F. 背书　　G. 练习题

数学：A. 书本题目　B. 练习册题目　　C. 实践题目

英语：A. 抄单词　B. 背诵书本内容

　　　　C. 练习题　　D. 预习

3. 你觉得你做作业的态度是

A. 认真　　B. 一般　　C. 马虎　　D. 有时细心有时马虎

4. 你平时认为作业多不多

A. 多　　　B. 一般　　　C. 不多　　　D. 很少

5. 你平时完成作业的时间

A. 1小时　　B. 半小时　　C. 半小时以内　　D. 两小时以上

　　妈妈看完后，对丁丁说："宝贝儿，做作业的时间怎么这么长呢？"

　　"嘿嘿，我害怕等我写完了，你还要给我布置新的题目。"

　　妈妈笑了笑，对丁丁说："宝贝儿，做作业的时间问题可不能小视。你想想，如果平时做作业时你不提高速度，等到了考场上该怎么办呢？到时候你想把题做完也是不可能的了，因为你已经养成了慢吞吞的坏习惯。宝贝儿，这样吧，要是你能在一个半小时内完成作业，我以后就不给你布置其他任务了，行吗？"妈妈说完，顺手把丁丁桌子上的玩具也给收走了。

　　丁丁的小脑袋一转，他想，要是妈妈真能少给自己布置任务，这个交换条件也值了！

1 学一学

　　好习惯1：主动寻来思路。大家在平时做作业的时候，遇到实在解不出来的题目可以先把自己的思路写下来，然后再去翻看参考答案，这样有利于培养自己做作业的主动性，并能充分利用时间。

　　好习惯2：注意做作业的节奏。以高分考入北京大学的刘广为同学，平时很注意做作业的节奏，他总是先把会做的题认真做完，然后再做那些不会的。他说："通过平时这样有意识地练习，在考场上我就能把握好时间，我的题目不仅全做完了，而且还能得高分。"

2 想一想

　　先做会做的，再做难做的，这是做作业的一种好习惯。那么针对不同科目，做作业时是不是也应该有轻重缓急的区别呢？育才小学的李莉老师建议大家，做作业时可以先挑自己学得好的科目做，然后再去做自己的弱势科目，这样做不仅可以合理地安排好做作业的时间，还能腾出较多的时间来攻克弱科。

3 练一练

　　下面五组数字是吴雨为她的电脑设的密码，其中只有一个是正确的，五组数字分别为：687421、841923、659804、741258、365292。为考验记忆力，我们可以跟朋友玩这个游戏。游戏规则为：一个人将这五组数字以正常速度念3遍，其中，可穿插将正确的密码数字多念两遍，然后让另一个人说出正确的密码来，看对方是否可以区分出多念两遍的密码。

QQ群里的软性作业

周末，丁丁认真做完作业了，征得妈妈同意，他打开电脑登录了QQ，发现班级群里的老师都不在线，几位同学正你一言我一语地在群里聊得热火朝天。这时，一个网名叫"高门弟子"的好友发了一个"大家晚上好"的图片后，就开始问大家了："大家做完作业后都干嘛啊？"

"我做完作业后就上网！"

"我做完作业后看电视。"

"我做完作业后很无聊，我约哥哥去打球。"

"我打酱油，路过。"

……

"我做完作业后会阅读半个小时的书籍，这是我给自己布置的作业。"一个网名叫"小小花"的同学说。

"咦？你还要自己给自己布置作业啊？为什么呢？"丁丁也开始发问了。

"我回家做完书面作业后，如果感觉不累，就会读一些课外读物，比如英语短文、科学游戏，或者背诵几首小诗，这样可以丰富课外知识，开阔眼界啊！"

"这倒是个新鲜的主意。真不错！""高门弟子"也发了一条。

"嗯，每天安排半个小时的时间做做这些阅读方面的软性作业，对成绩的提高也很有帮助呢。""小小花"回答说。

"是吗？我也要尝试一下！"丁丁也发了一条消息。

"我也是！"

"我也要！"

其实，大家不知道，"高门弟子"正是英语老师张老师，她有两个QQ号！

每天三分钟，收获好习惯

好习惯：博客总结法。 如果大家喜欢写博客的话，可以把老师讲课的内容，按照"1. 2. 3."的形式记录在自己的博客上，并配上自己喜欢的图片和音乐，这是一种玩与学相结合的好方法。

除了课后阅读书籍，你还有什么好的方式能给自己积累课外知识呢？考入浙江大学的黄珊珊同学给我们一个好的建议，她说："我在做完作业后，经常会听听英语歌曲或者名人的演讲。这种学习习惯一直到大学阶段我都没有改变，因为它让我在完成作业后意外地收获了很多知识。"

做完作业以后，大家可以多玩一些智力游戏，不仅可以让自己得到放松，还能积累知识，锻炼思维能力。下面我们来玩一个根据成语猜课程的游戏，把成语里缺的字补全，补出的两个字连在一起，就是我们要上的课程名称：

第1节课 （ ）不惊人 下笔成（ ）

第2节课 （ ）动山摇 通情达（ ）

第3节课 （ ）中不足 不学无（ ）

第4节课 （ ）不量力 不以为（ ）

第5节课 （ ）燕分飞 风吹草（ ）

第四章
好学习从好生活中来

同学们，你有良好的生活习惯吗？好的生活习惯不仅能让你的身体棒，而且还能帮助你搞好学习呢！不相信吗？看看丁丁的故事你就明白了！

铅笔姓什么

文具都收拾好了吗？

好了，就差一样。

爸爸，铅笔姓什么？

姓"肖"啊，我还没"削铅笔"呢。

贴在墙上的作息时间表

周六丁丁从外面玩耍回来，看见妈妈在自己的书房不知道干什么，就问妈妈："妈妈你在干什么啊？"

"我在给你贴作息时间表啊！"

"作息时间表？"

"对呀，我去同事家玩，听她说这个时间表是一位教授根据人的生理规律提出来的，是最科学的。要是按这个时间表上的内容来学习的话，可以提高学习的效率噢！"

丁丁一看，时间表上是这样安排的：

清晨7点—8点：起床、洗漱、吃早餐

早上8点—9点：学一下自己不会的内容

上午9点—11点：背一背学过的课文

中午12点—下午13点：吃午饭

下午13点—14点：可以适当地休息，听听音乐，做做轻度运动

下午15点—16点：做记忆工作

傍晚17点—18点：做作业

晚饭后：各科交叉安排学习

丁丁看完后撅着嘴不满地对妈妈说："妈妈，你想累死我呀，把时间安排得这么满！"

"呵呵，儿子这你就不懂了吧？给你安排这个时间表，不是让你非要按照上面的条条严格地进行。当你在周末想学习又不知道干什么的时候，想想看，你是不是可以拿这个时间表做个参考？"

"妈妈说得对！不过，我只对下午13点—14点的内容感兴趣。"

妈妈一听，"扑哧"一下笑了。

每天三分钟，收获好习惯

1 学一学

好习惯：学会一周总结。大家到了双休日，不要还是埋头学习，要学会抽出时间来总结一周的学习情况，另外，不要只待在家里，要有户外活动的时间。

2 想一想

学习是一件需要高度集中注意力的事情，但是人不可能一天到晚都绷紧神经。考入清华大学的王雯同学在谈到时间利用时说，要充分利用一天的最佳时间段，这样才能取得较高的学习效率。比如：上午8：00-10：00，大脑极易兴奋，适宜学习需要周密思考和分析判断的内容，也是攻克难题的好时光。再比如下午：6：00-8：00，大脑神经活跃，是回顾复习全天学习内容、知识归纳分类和整理笔记的黄金时间。所以利用好最佳时间可以起到事半功倍的效果。

3 练一练

大家还可以用下表的形式安排时间。拿起笔将冒号后面需要做的事情补充完整吧！

A组	B组
早自习： 上午： 下午： 晚自习：	上学途中20分钟： 上午午餐前后： 睡前20分钟：

64

021

和妈妈约法三章

傍晚妈妈做完家务后，看见丁丁坐在沙发上，眼睛一眨也不眨地看电视。妈妈就问丁丁："宝贝儿，你作业做完了吗？"

"就只有一点了！看完电视再做！"

妈妈担心丁丁看电视的时间太长，眼睛受不了，于是对丁丁说："宝贝儿，咱们来玩一个叫'约法三章'的游戏好不好？"

丁丁一听是个游戏，就爽快地答应了。于是妈妈找来纸，先让丁丁签了名。之后妈妈便开始写了：

甲方：丁丁

乙方：妈妈

甲乙双方经协商同意，就学习和看电视的时间约法三章

如下：

1. 甲方不能在没有做完作业的情况下自行看电视，如有违反，甲方打扫一周的卫生，并且一周不能看电视。

2. 甲方写完作业后要给乙方看，在乙方确定完成的情况下才能看电视，并根据作业的完成情况决定看电视的时间。

3. 乙方有责任监督甲方的执行情况。若甲方每天坚持高质量地完成作业、坚持做眼睛保健操，将增加甲方15分钟看电视的时间。

签了名想要反悔的是小狗。

丁丁一看，知道自己上了妈妈的当，但是又不好反悔，因为他不想妈妈在同学面前叫自己小狗。最后他安慰自己说："妈妈这是为了我的眼睛好，不让我做电视迷！"

每天三分钟，收获好习惯

①学一学

好习惯：看一看英文片。大家在看电视的时候，可以多看一些英文片，像《走遍美国》《迪士尼神奇英语》《Tom and Jerry》《新英语三百句》等。这样对大家学习英语很有帮助。

②想一想

电视其实也是我们了解社会、获得信息的一种途径。如果大家好好利用的话，完全可以从中学到很多课外知识。那么怎样才能让看电视变成既能休闲又能学习的一件好事呢？教育专家建议同学们，看电视时可以多和爸爸妈妈交流。比如看完电视中的精彩片段后，提出自己的一些见解，并且问问爸爸妈妈的意见，这样不仅可以扩展自己的知识面，还可以提高理解能力和欣赏水平。

③读一读

科学研究表明，大约有50种疾病与看电视有关，主要有：1.电视孤独症。3-7岁儿童看电视时间长，会养成一种非常孤独与难以和人沟通的性格，这是一种心理疾病。2.肥胖症。看电视使人体力消耗减少，皮下脂肪堆积；看电视时还会不限制地吃高能量的零食；另外电视中的食品广告有增进食欲的作用等。3.干眼病。长时间盯着荧屏，会使眼球充血，更会使眼球视网膜的感光功能失调，同时还会出现眼球干燥；还会引起视觉障碍，造成植物神经紊乱。4.肠胃病。一边看电视一边吃饭，会使胃功能紊乱。据统计，有40％以上看电视在3小时以上的人，都有胃下垂、胃溃疡等症状。

丁丁"病了"

　　丁丁最近感觉头很疼，上课的时候总是提不起神来，大脑昏昏沉沉的，晚上回家又睡不着觉。丁丁跟妈妈说了后，妈妈很着急，马上要丁丁跟老师请假，带他去看医生。丁丁对妈妈的要求当然很乐意，因为自己可以暂时告别课堂，出去好好玩玩了。

　　妈妈带丁丁来到了市中心医院，医生问了丁丁几个问题后，就给丁丁开出了药方：

1.遵守作息规律，早睡早起。

2.晚餐不要吃太饱，水也不要喝太多。

3.睡前可以喝一杯热牛奶或一点蜂蜜帮助入眠。

4.睡前洗个热水澡。

妈妈对医生开的药方很意外，就问医生："大夫，我家宝贝儿没什么问题吧？"

"他没事，就是经常熬夜了！"

"熬夜？"妈妈吃惊地问医生。

"嗯，睡眠不足会引起一些后遗症，如白天嗜睡，头疼，情绪不稳定，理解能力降低，学习效率下降……长期下去，对身心都会有损害的！"等医生说完，妈妈问丁丁到底怎么回事。

丁丁听了医生的话，知道自己瞒不住了，就只好向妈妈坦白了。原来，自从妈妈跟丁丁约法三章后，丁丁不能随意地看电视了，他觉得回家玩得不过瘾，于是借来了同学的游戏机，晚上总是在被窝里偷偷地打游戏呢！

妈妈轻轻地揪了下丁丁的耳朵，对丁丁说："医生叔叔说了，熬夜对学习影响很大，对身体更是不好！以后可不准贪玩了啊！"

丁丁红着脸，轻轻地说了声："嗯。"

①学一学

好习惯1：睡前不做剧烈运动。建议同学们在晚上睡觉之前不要做剧烈的运动，也不要做使自己过于兴奋的事，比如玩游戏，否则会使晚上睡眠质量大打折扣，影响第二天的学习。

好习惯2：坚持按时睡觉。每一种习惯都不是天生的，都是慢慢养成的。因此，一定要每天坚持按时睡觉。时间一长，自然就能形成习惯。

②想一想

你知道按时休息的重要性吗？我国战国时期有位名医叫文挚，他说他的养生之道是把睡眠放在头等位置，因为人和动物只有睡眠才能生长，睡眠还可以帮助脾胃消化食物。人在休息的时候会有大量的健康细胞去取代腐败的细胞。如果白天消亡一百万个细胞，那么晚上不按时休息的话，只能补回来五十万个，长此以往，人的身体自然就会受到损害。

③练一练

相等

圆圆问菁菁："你知道在什么情况下7＋8＝3吗？"菁菁微微一笑，说："这有什么难的，我知道答案了！"你知道答案了吗？

023

饭菜里的学问

丁丁"看病"回来后，妈妈为了不让丁丁晚上在被窝里打游戏影响第二天的学习，就破例准许丁丁做完作业后可以玩一个小时的游戏。

到吃晚饭时间了，妈妈一边往餐桌上端着菜，一边对正在打游戏的丁丁说："宝贝儿，开饭喽！"

"妈妈，你做的什么菜啊？"丁丁问。

"妈妈给你做了炒芹菜、凉拌海带丝……"妈妈一样一样地说给丁丁听。

丁丁一听，妈妈这顿没有做鱼，就对妈妈说："妈妈，我喝了很多可乐，还吃了饼干，我不想吃晚饭了。"

"不吃饭会影响你的学习哦！"

丁丁一听，从房间里跑出来，好奇地问妈妈："吃饭和学

习有什么关系？"

"那当然了！比如经常喝可乐类的碳酸饮料，可乐中有碳酸盐和柠檬酸等成分，会使钙质流失，导致人的注意力变得散漫，并引发情绪的不稳定。你现在不注意，以后的学习可就麻烦了。"

"怪不得有时上课我的注意力不那么集中呢！"丁丁自言自语地说。

妈妈见丁丁愣在那儿，就笑着对丁丁说："妈妈可是对吃很有研究的，你看咱们的餐桌上，除了有不能缺少的新鲜蔬菜，还有鸡蛋、肉、牛奶、豆制品，这些都是含蛋白质很高的食物，能帮助大脑发育，会让你越来越聪明，说不定以后你还可以考全班第一呢！"

"噢！饭菜里还有这么多学问呢！我要是考第一的话，也有妈妈的功劳！"说着丁丁就坐到餐桌前，认真地吃了起来。

好习惯：不要吃太饱。 吃饭时一定要吃好、吃饱，但一定不能吃得太多。吃得过饱会增加肠胃负担，抑制大脑皮层神经细胞的兴奋，影响大脑信息的传递，对于学习是很不利的。尤其在考前，一定不能吃太多。

饮食里面有着许多大学问，你知道多少呢？营养学家给我们介绍了几个小学生饮食小贴士：过多吃甜食会使视力下降，多吃含钙的食物则对眼睛有益处；晚餐后不要吃零食；睡前喝一杯牛奶能促进睡眠；不能暴饮暴吃，要细嚼慢咽。

饮食需要均衡，才能有益于身体健康。把你一周吃过的早餐、午餐和晚餐分别填入空格中，让爸爸妈妈看看，自己的饮食是不是很健康。

时间	早餐	午餐	晚餐	我觉得该补充的其他营养	一天饮食质量打分（最高分数为5分）
星期一					
星期二					
星期三					
星期四					
星期五					

整理好你的书桌

今天是周末，天气非常好，丁丁看了会儿电视，对爸爸妈妈说："爸爸妈妈，这周我们可以去姑姑家玩吗？"爸爸想了一下，一家人的确很长时间没去走亲戚了，就爽快地答应了丁丁的要求。

爸爸、妈妈和丁丁坐车来到了姑姑家，恰好上大学的表哥也在家，丁丁一看见表哥，就马上黏着表哥，让他讲大学里的故事。表哥说："既然你这么喜欢听故事，那我送你几本书吧，跟我拿去，在书房呢！"

丁丁一进书房，不禁眼前一亮，表哥的书房整理得实在太干净、太整齐了。丁丁想起自己的书桌，上面一直乱七八糟地放着各种东西，他突然觉得很惭愧。不过他又想，书房乱一点有什么关系呢？于是他问表哥："哥哥，你为什么要把书房收

拾得这么干净呢？"

"哈哈，书房是学习的地方，我要给自己准备一个良好的学习环境，这样才能提高效率，享受学习呀！"

"有道理，那怎么整理呢？"

"以书桌为例吧，书桌上不要摆放与学习无关的东西，像零食、玩具等；把学习工具准备好；书桌要保持干净，书籍摆放整齐，这样当你取用的时候就方便多了；写作业的时候，书桌上最好不要摆放时钟，因为时钟的滴答声会扰乱你的注意力；另外，书房的光线一定要充足，但不要太亮也不要太暗。"

听完表哥的话，丁丁就下定决心，准备回家后也像表哥这样收拾一下书桌。他想："我把书桌收拾好了，说不定以后我也能像表哥一样考上重点大学呢！"

每天三分钟，收获好习惯

好习惯：调整书房光线。 除了收拾好书桌，我们还要考虑学习时的光线问题。科学研究证明，书房里最好用大约60瓦的灯泡照明，灯泡离桌面的最佳距离是50厘米左右。把光线调整到最佳，这样不仅可以保护你的眼睛，还可以使你的精力更集中。

我们整理书桌，是不是只要把学习用品收拾干净就行了呢？实验小学优秀学生王宇哲说，想要整理好书桌还要收纳好你的零碎物品，比如钥匙、耳机、随身听等一些与学习无关的东西，它们也需要找一个地方收纳起来。最好的方式就是找一个专门的抽屉存放它们，这样不仅可以保证桌面的整洁有序，还可以避免自己学习时分心。

在妈妈的帮助下，给自己的书桌做一块桌布。方法如下：

1.将家中妈妈不要的废布料整理出来；2.准备好针线、剪刀、尺子等；3.用尺子量一下书桌的长度和宽度；4.如果布料面积大，则用剪刀把布料裁剪成适合自己桌面的大小，若是布料面积小，则要用针线把布料拼在一起缝好。试一试吧，一块好看的桌布很快就能做好了。

学会劳逸结合地学习

"妈妈，你说老师为什么要布置这么多的学习任务呢？"丁丁一边咬着笔，一边用手托着腮问妈妈。

妈妈看了丁丁的样子后，笑了，对丁丁说："不是老师布置的学习任务多，是你学习的科目多了，想想看，这科布置一点，那科布置一点，聚在一起不就多了吗？"

"可是，我感觉这么多任务，一口气做完是很难的。"丁丁愁眉苦脸地对妈妈说。

"呵呵，想要做完还需要脚踏实地啊。一科一科地做，你就会发现很快就能完成了。如果你觉得一口气做完会很累，那么在你感觉累了的时候，可以停下来做点儿其他的事情。比如花3—5分钟听一首好听的音乐，和同学打打电话聊聊天，或者换个其他的科目来做，等等，这样做都可以减轻你的疲劳感。

记住，学习一定要做到劳逸结合！"

　　"嘿嘿，妈妈，你懂得可真多。"丁丁笑嘻嘻地对妈妈
说。

　　"不是我懂得多，这是基本的常识啊！"

　　"哈哈，妈妈，我知道了，那我现在休息一下。"

　　"可以的，但是你要注意一下时间，如果休息时间太长
了，或者运动累了，你的注意力就很难回到学习上了！"丁丁
出门前妈妈不忘再叮嘱了一下。

每天三分钟，收获好习惯

好习惯1：头脑换气法。 在上完数学课后可以拿出英语单词，读几个单词，不是为了去记忆，就是给头脑换换气，或者掏出一本精彩的作文看一段，也是一种休息。

好习惯2：找准个人学习的最佳时间。 比如你在什么时间学习英语最有效？什么时候阅读最轻松？什么时候背课文最迅速？慢慢地找到适合自己的学习规律，这对于提高学习效率是很有帮助的。

想一想

在学校里我们需要劳逸结合地学习，那么双休日是不是可以彻底休息呢？中考状元何文丽同学在谈到学习经验时说："周末如果把时间都用在玩上，等到周一上课的时候不仅会感到疲惫，而且上周学的知识也会很快遗忘，所以周末大家至少应该拿出1—2个小时，来做好复习和查漏补缺的工作。"

3
练一练

结束完一周的学习后，同学们周末可以带着照相机去植物园或者动物园，把那些自己感兴趣的植物和动物拍摄下来，回家后将图片写好名称和拍摄日期，传到网上并分类整理好，这不正是自己学习科学课的好资料吗！

多跟同学做朋友

"宝贝儿，珍珍怎么老长时间没来咱家玩了？上次她落在咱家的铅笔你也不带给她。"爸爸对正在做习题的丁丁说。

丁丁放下作业回答爸爸："我最近不喜欢王珍珍了，因为她总是在其他同学面前说我很粗心，让我改掉粗心的毛病，这让我感觉很没有面子。"

爸爸笑了笑，就问丁丁："那宝贝儿你告诉我，珍珍说错了吗？"

"没错，可是……"

"有句古话叫'忠言逆耳利于行'，朋友督促你改掉错误，这种做法是正确的，我们应该珍惜这样的朋友才是啊！而且，我刚看到你皱着眉头做作业，一定是遇到难题了吧？"

"今天最后一堂课老师讲的一个知识点我还没有弄明白

呢！以前我不会的问题可以问珍珍，可现在……"丁丁小声地对爸爸说。

"所以啊，多跟同学做朋友不仅可以改掉自己身上的缺点，还可以促进学习啊！正如一位学者所说：你有一种思想，我有一种思想，我们彼此交换，每个人便有了两种思想。多交朋友，遇到问题了彼此之间相互讨论、相互帮助，扩大自己的知识面，这不是很好吗？"爸爸语重心长地对丁丁说。

"可是，珍珍不该当着其他同学的面说我啊！"丁丁不服气地对爸爸说。

"呵呵，那你就私下跟珍珍谈谈，告诉她可以给你指出错误，但是不要当着其他同学的面。"爸爸笑着对丁丁说。

"爸爸，我明白了，我现在就叫珍珍过来玩！"

"好的！丁丁真是一个好孩子！"爸爸向丁丁投去了赞许的目光。

1 学一学

好习惯1：多帮助同学。在看到同学遇到困难时，要及时地伸出援手，多多帮助别人。这样不仅可以培养自己的良好品格，还可以收获到美好的友谊。

好习惯2：多和同学讨论。课后或者周末，你可以针对学习上的某个问题，约上几个同学一起讨论、交流，相互提出自己的疑问。这样做不仅可以使自己加深对知识的理解，还可以增进同学之间的友谊。

2 想一想

有的同学不愿意和其他同学分享自己的学习经验，担心别人成绩进步会超过自己；而有的同学觉得自己成绩不好，没有面子和成绩好的同学讨论学习问题。其实，大家要明白水涨船高的道理，只有班里形成了良好的学习氛围，在竞争中大家都进步了，你才能获得更大的进步。

3 玩一玩

我是谁？

同学A把一个成语（比如：龙腾虎跃）的四个字分别写在四张白纸上，不让其他人看见，然后让同学B、C、D、E四位游戏者站成一排，用别针在他们背上各别上一张纸。接着B、C、D、E手拉手围成一个圈，按逆时针方向跑三周，然后解散，每个人都竭力不让别人看见自己背上的字，但自己却要努力看见别人的字，并通过别人背上的字来猜测自己背上的字，例如你看到"龙、虎、跃"了，就可以举手向主持人报出自己背上的字是"腾"。先猜出者为胜。

第五章
学语文的好习惯

语文是同学们的必修课，那么如何把语文学好呢？学好语文的关键就是养成善于积累字词、善于观察生活的好习惯。做到这些，语文水平的提高就是水到渠成的事了。

语文课文要预习

周二上午第一节课是语文课，孙老师说："现在给大家5分钟时间，把课文读一遍，然后我请同学起来回答问题。"

同学们听说只有5分钟的时间，就抓紧时间埋头阅读了。

很快，5分钟时间到了。孙老师说："请丁丁同学回答一下本文的主题是什么。"

看见丁丁慢吞吞地站起来，涨红了脸，不说话，孙老师只好点王晓旭起来回答。王晓旭说："课文的主题是在赞颂拾金不昧的好品质。"

"王晓旭同学回答得很好。两位同学都请坐。"

丁丁坐下后，心中有一万个问号。"为什么王晓旭这么快就读出主题来了呢？我可是课文还没有读完啊！"下课后，他找到王晓旭说出了自己心中的疑惑。

"因为我预习课文了啊！"王晓旭骄傲地对丁丁说。

"我有时候也会预习新课，就是把课文读一遍。你是怎样预习语文课文的呢？"丁丁加了一个"有时候"，王晓旭一听就知道，丁丁这次肯定没有预习，要不然他上课也不会回答不出老师的提问了。

语文预习其实很简单的，在上新课之前，第一，你先粗略地把课文浏览一遍，大体了解课文的内容；第二，你边读边动笔，把生字、新词、难句用圈圈出来，有时间的话，可以试着借助工具书把它们都解决掉；第三，你可以试着归纳每个段落的大意和课文的中心思想；第四，写一下预习总结，包括自己预习了哪些方面的内容，还有哪些是自己不会的，要向老师提问的有哪些，等等。

听完了王晓旭的话，丁丁不由得点了点头，说："晓旭，难怪你这么聪明呢，原来是提前做了这么多功课！"

每天三分钟，收获好习惯

好习惯1：用好符号。 预习的时候对重点内容要用"★"表示，对有疑问的内容用"？"表示，精彩句子可用横线画出来。需要注意的是，用来做标记的符号不要太多。

好习惯2：课后题预习法。 在预习课文之前可以先看一下课后的练习题，然后根据课后题的要求认真读课文，这样就可以有重点地进行预习了。

在语文预习的过程中，经常会碰到很多不认识的生字词，这时你该怎么办呢？优秀教师给了我们一种好建议：先根据课文的句意猜测一下生字词的大概意思，然后再查字典，看看自己的理解是否正确。确认完毕以后，再动手把生词抄写几遍，这样我们对生词就有一个比较牢固的印象了。

按照下面的形式，做一个简单的语文预习笔记，你就能把新课文预习好了：

1. 今天我预习的课文题目是_____，读了这个课题我想到了_____。
2. 我通过联系上下文或者查字典学会的生字有_____，学会的新词有_____。
3. 课文中的优美句子我都画上了波浪线，共有_____处。读不通的句子我都画上了横线，共有_____处。
4. 我觉得课文的主题是_____。读完课文我的感受是_____。

028 丁丁问怎样理解文章主题

　　放学回家后，丁丁就开始按照王晓旭教给他的方法预习新课文了，他觉得王晓旭的预习方法很管用。但是通过预习，丁丁还是不会快速理解文章主题，他有点迷茫了。

　　正巧，隔壁的阿姨和她的侄子扬扬来丁丁家做客，妈妈叫丁丁出来跟阿姨打招呼，丁丁很不情愿地出来了，他对妈妈说："妈妈，我还没有归纳出课文中心思想呢。"

　　在一旁的阿姨笑着对丁丁妈妈说："你家儿子可真用功！哈哈，要不让扬扬哥哥给你看看，他年纪比你大，而且还是个语文学习高手呢！"

　　"好啊！好啊！"

　　于是丁丁拉着扬扬的手来到了他的小房间。

　　"扬扬，就是这篇课文！"

扬扬一看，是一篇叫《父亲的菜园》的课文，他对丁丁说，可以先试着按事情发展的顺序归纳出段落大意。丁丁听后，又看了一遍课文，就对扬扬说："你看是不是这样的：1．我们失去了菜园，心情不好。2．父亲为了让家人吃上菜，决定去开荒。3．父亲辛辛苦苦地把菜园开垦出来了。4．春天来了，父亲的菜园收获了豌豆。"

"对啊！这样你可以看出主题了吧？"

"好像是说父亲经过努力开垦，收获了豌豆。"丁丁挠了挠头，试探着说道。

"呵呵，差不多了，文章的主题就是：付出才有收获啊！"

丁丁觉得扬扬教给他的这个"寻找事情发展顺序"的方法很管用！

学一学

好习惯1：从题目入手。 大家在读课文时不妨多多注意一下课文的题目，如《为人民服务》一文的课题就直接点明了文章的主题。

好习惯2：看文章的开头和结尾。 不少文章，开门见山，开头部分就提出作者的主题思想，还有的文章会在结尾处点明写作意图。

想一想

有的同学会问，记叙文的主题比较好概括，说明文和议论文的主题怎么总结呢？的确，不同体裁的文章，表达主题的方式也不一样。比如一些写人的记叙文，我们就要着重注意分析主人公的性格特点，从中看出文章的中心；说明文可以采用综合文章各段段意的办法来总结主题；而对于比较复杂的议论文，就需要分析文章写作背景，根据背景去理解作者的写作意图。

玩一玩

接句子游戏：

同学A：精

同学B：精彩

同学C：精彩的

同学D：精彩的世界

同学E：精彩的世界杯

同学F：精彩的世界杯开幕

同学G：……

这个游戏可以一组同学在一起玩，一个人一个人往后接，看看最后能接出一个多长的句子来！

家

学校

029

查字典学语文

"丁零——"

"老——师——好！"

"同学们好！请坐！"

"这节课我们来做汉字区分练习。大家拿不准的汉字可以查字典。"说着孙老师就开始在黑板上出题了。

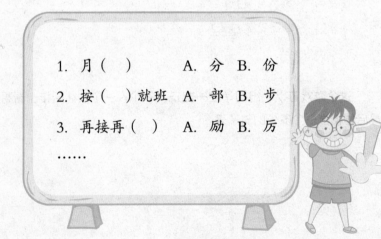

1. 月（ ）　　　A. 分　B. 份

2. 按（ ）就班　A. 部　B. 步

3. 再接再（ ）　A. 励　B. 厉

......

同学们都纷纷拿出纸笔写答案，一些同学拿出字典开始查了。这时，孙老师看见丁丁在那东张西望，就首先点了丁丁的名："请丁丁同学起来回答一下，第一题选什么？"

"选A。"

有的同学开始笑了。丁丁知道自己可能做错了，就急忙说："老师，我选B。"

"呵呵，你到底选哪一个啊？"

"老师，我也拿不准了，我就相信我的第一感觉，选A吧。"

"丁丁，你查字典了吗？"

"还……没……"

原来，丁丁觉得查字典太无聊，于是凭感觉选出了答案，然后就开始东张西望。

孙老师笑了笑，点头示意丁丁坐下，对大家说："这些难以区分的汉字，是我们语文学习路上的'拦路虎'，如果大家遇到这些字不查字典，也不想办法解决，'看字读半边'，大家的作业本上就会出现越来越多的错别字，这样语文怎么能学好呢？"

听了老师的话，丁丁不好意思地低下了头，心想："这次真是丢人，下次我遇到不懂的汉字，一定要养成查字典的好习惯。"

每天三分钟，收获好习惯

好习惯1：定好查字典的计划。对于语文课文中难懂的字、词、句，你可以给自己制定一个查字典的计划，比如一周必须要查多少生字词，背诵多少句子。长期坚持下去，你就能在字、词、句方面收获很多。

好习惯2：一起抄。同学们在查字典的时候不妨一起把要查词语的反义词或者近义词抄写下来，一并弄清它们的意思和用法，这样不仅可以加深对词语的理解和记忆，还可以学习到其他词语，是一举两得的好方法。

字、词典是一种最好的语文学习工具，因为里面不仅有字词的读音、解释，还有同义词、反义词和例句。那么我们怎样才能用好手头的字、词典呢？考入北京大学的王山同学从小就很善于利用字、词典，他说："我从小学3年级起就开始在爸爸的指导下有计划地背字典，比如一天背3个字，还要背它的读音、意义和例句，长期坚持下来，到高中时我的语文学习基本就不用花太多时间了。"

表演猜词语。

老师把几个新学的词语打乱顺序，写在一张纸上，然后找一个同学看这些词语，在台上用肢体动作表演出来，让其他同学猜他表演的是什么词语。通过这种有趣的游戏，可以大大地加深大家对词语的理解。

家

学校

充满感情读课文

"又是语文课！"自从上次丁丁回答问题出了丑之后，丁丁变得有些害怕语文课了。这节课，孙老师拿出15分钟的时间让同学们朗读课文，丁丁提不起精神来，但他的同桌金光却在那儿摇头晃脑，非常投入地大声读着。

丁丁觉得金光的声音好大，他一边用书挡着耳朵，一边问金光："金光，你喜欢学语文吗？"

"喜欢呀，我感觉语文很有趣，所以我喜欢读语文课文。"金光回答道。

"真搞不懂你为什么这么喜欢读课文。一个字一个字读，多枯燥，有什么吸引人的？"丁丁用眼扫了一下金光说。

金光对丁丁说："这你就不懂了吧，你看，咱们的课本中有这么多插图，我每次读课文的时候，就像看漫画一样，先看

看插图，然后读课文的时候，脑子里就浮现出插图的情景。而且，课文中会有很多人物的对话，我就要求自己模仿不同的角色，模仿他们的声音，并且把自己的感情也融入进去，这样就可以把课文读活了，难道这样不好玩吗？！"

"是吗，我还是第一次听说可以这么读课文呢！金光，长大了你一定能当一个好演员，哈哈！"

"嘿嘿，谢谢！"金光很高兴。

后来，孙老师点丁丁起来读课文。丁丁按照金光教给他的方法读，得到了老师的表扬！

每天三分钟，收获好习惯

学一学 1

好习惯1：自录自听。有的同学性格比较内向，胆子有点小，所以在课堂上读课文会感觉很紧张。这些同学其实可以在家多多练习，比如大声把课文读给爸爸妈妈听，或者用录音机把自己的朗读录下来听一听，看看自己存在哪些缺陷需要改进，这样自己慢慢就有了自信。

好习惯2：掌握停顿。在朗读课文时要注意适当地停顿，如分段处，出现句号、破折号的时候，等等。一方面，这些停顿有表达感情的作用，另一方面也能让自己放慢朗读速度，减少朗读错误。

想一想 2

有的同学读课文时容易走神，比如漏读一句，或者读错行。遇到这种情况该怎么办呢？你可以试着一边读，一边用手指指着课文里的字，边指边读，一个字一个字地移动；也可以用一把尺子，放在每行字的下面，读到下一行时，就把尺子往下移，这样，注意力就当不了"逃兵"了。

练一练 3

读诗歌的时候我们该怎样读呢？正确的做法是把握诗的节奏，对诗行中的音节进行恰当的划分，以充满变化的语调表现丰富、具体的感情色彩。试着朗读下面的诗句，把你认为要适当停顿的地方用"／"标出来：

远远的街灯明了，
好像天上的明星，
天上的明星亮了，
好像点着无数的街灯。

家

学校

031 一边画图一边记古诗

结束了一周的学习，丁丁盼望已久的周末终于到了，正好这周六叔叔有空，他要带丁丁去动物园玩！丁丁高兴地跟着叔叔出发了。

快到动物园的时候，丁丁看见一位老爷爷在动物园门口摆了一张桌子，手里握着一只毛笔，不知道在写些什么，周围围了很多人。

爱看热闹的丁丁马上拉着叔叔来到了老爷爷旁边，想一探究竟。原来，老爷爷正在作画呢，他画了一轮圆圆的月亮躺在树梢上，大树下面是一位仰头看着月亮的人。

"咦？这画怎么这么熟悉呢？"

叔叔觉得丁丁一定能想起来，马上鼓励道："你再仔细想一想！"

"好像是我学过的那首古诗《静夜思》的场景啊！床前明月光，疑是地上霜。举头望明月，低头思故乡。"

老爷爷看丁丁在摇头晃脑地吟诵，不禁哈哈笑起来了，他对丁丁说："小朋友，你真聪明，我画的就是《静夜思》，一会儿我还要在旁边写诗呢！"

听了老爷爷的话，丁丁嘻嘻地笑了。

叔叔问丁丁："丁丁，你以前不是总是记不住古诗吗？你知道为什么今天记得这么清楚吗？"

丁丁摸了摸脑袋，说："我也不知道呀！"

"叔叔告诉你吧！因为图画把古诗的意思都生动地表达出来了，你一看到画面就能想起那些诗句来。所以，以后你背古诗的时候，可以像老爷爷一样根据古诗的情景作画，这样背古诗就很容易了！"

"原来是这样！"丁丁笑嘻嘻地冲叔叔做了个鬼脸。

后来，每次要背古诗的时候，丁丁都会按照自己的理解把古诗画成画，他觉得叔叔给他提供的这个方法很好用，帮助他牢牢地记住了很多古诗！

好习惯1：比较记忆。把描写同一种事物的两首古诗放在一起背诵，通过比较加深记忆。如：《春夜喜雨》和《春晓》，两首诗都讲了春雨，也都表达了春天悄然而至的意境。

好习惯2：找出优美诗句。大家在背古诗的时候，可以把诗歌中优美的句子用横线画出来，等到写作文的时候这些句子就可以拿来用了，但是这种做法一定要在理解的基础上进行。

同学们，你一个人背古诗有时候会不会觉得很枯燥呢？那就找一个好朋友和你一起交叉背古诗吧！选一首古诗，你念第一句，朋友念第二句，你念第三句，朋友念第四句。按照这个顺序念完三四遍之后，换朋友念第一句，你念第二句，依次交叉进行。最后你会发现，这样记忆古诗比起你一个人念十遍都更有效果！

同学们，你用两个蛋能做出诗来吗？猜猜下面的四道菜来自哪首唐诗？

第一道：盘子里放几根葱，上面摆上两个熟蛋黄
第二道：把熟蛋白切成丝，排在青色的盘子里
第三道：炒蛋白，在盘中堆成山状
第四道：一碗浮着几片蛋壳的清汤

写好作文要从平时积累

　　这节课是作文课，丁丁瞅着黑板上的作文题目《我的妈妈》就开始发呆了，"应该怎么写呢？写妈妈炒的菜很香？妈妈打扫卫生很干净？妈妈对自己要求很严格？……到底要怎么写呢？"

　　丁丁往前一看，金光的前桌 "小小巨人"姚伟正抱着一个本子在认真看呢。"他不写作文，在看什么呢？"丁丁用铅笔戳了戳姚伟，轻声对他说："你在看什么啊？给我看看！"

　　"可以，给你看吧，不过你过一会儿要还给我。"

　　"嗯，好的！"

　　丁丁接过本子，一看，是一个名叫素材本的本子，上面记录了很多姚伟自己摘抄的句子、名言。他看到了这样几句名言：

慈母的胳膊是由爱构成的，孩子睡在里面怎能不香甜？——雨果

世界上的一切光荣和骄傲，都来自母亲。——高尔基

青春会逝去，爱情会枯萎，友谊的绿叶也会凋零，而一个母亲内心的希望比它们都要长久。——荷马

一位好母亲抵得上一百个教师。——乔治·赫伯特

"这几句话写得真好，要是用在作文里就精彩了！"丁丁心想。

丁丁接着往后翻，他发现姚伟的素材本里还记着好多好句好段。

丁丁一下子明白了，要想作文有话可写，就要从平时开始积累写作材料，养成摘抄好句好段的好习惯。

1 学一学

好习惯：做剪贴笔记。 同学们可以把订阅的报纸、杂志上看到的好文章或者其他有用的资料及时地剪下来，贴在本子上，这种方法收集资料快，也很简便。

2 想一想

有的同学摘录了许多写作素材，但一到写作文时还是无从下笔，这是为什么呢？这是因为他们不会多角度地利用素材。举一个例子，在用到"华盛顿砍樱桃树"这个故事时，绝大多数同学都会写华盛顿的诚实，却不会从他父亲的角度考虑，体会父亲那份深沉、细腻的父爱。所以在找好材料后，我们一定要学会多角度利用，才能让素材库真正发挥作用。

3 练一练

当我们感到时间过得很快时，常用"时光如梭"来形容；感觉时间过得慢时，又用"度日如年"来形容。把下面这些词语根据时间长短进行分类：

①一眨眼 ②海枯石烂 ③一瞬间 ④一年到头
⑤刹那间 ⑥穷年累月 ⑦顷刻间 ⑧遗臭万年
⑨霎时间 ⑩千秋万代 ⑪时而 ⑫日日夜夜

形容时间长的词语：＿＿＿＿＿＿＿＿＿＿＿＿
形容时间短的词语：＿＿＿＿＿＿＿＿＿＿＿＿

家

学校

033

写好作文要靠练习

  丁丁在作文课上看了姚伟的素材本后很受启发，所以他一回到家就钻进书房，到处翻书查找名人名言，把书籍弄得满屋子都是。对此，爸爸感到有点生气了。

  "儿子，你翻这么多书，到底要找什么宝贝啊？"

  "爸爸，我要找名言名句、好句好段摘录下来，做成素材本，以后写作文就简单了！"丁丁一边翻书一边对爸爸说。

  "噢！原来是这样！可是丁丁你知道吗？写好作文可不是仅仅摘录好句子就行了的，还要靠一定的方法进行练习。我刚看到一篇关于小学生写作文的资料，咱们一起来学学吧！"

  爸爸带着丁丁来到客厅，给他读了著名作文老师方老师写的一段话：

  小学生练习写作文，应该注意以下几点：

1.由短到长。先从最初的简单一句话表达一个意思，到几句话说明一个事物或一个人物，再到最后用几句话组成一个段落。

2.由小到大。刚开始学习写作时，小学生可以围绕文章的主题，用细小的情节来反映一个事物或道理。

3.由远及近或由近及远。写景物的文章，在描写方法上要由景物的远近、高低、上下逐段描写。

念完后，爸爸把这份资料递给丁丁，顺便要求丁丁回书房把书籍整理好。尽管丁丁心里对爸爸提的这个要求不满，可他还是很高兴能够学到这些小方法，他想："要是我按这些方法练习了，老师就会在课堂上当着全班同学的面念我的作文，哈哈！"

1 学一学

好习惯1：广泛阅读。平时要广泛阅读书籍、报刊，并做好读书笔记，把一些优美的词语、句子、语段摘录在本子或者卡片上。

好习惯2：留心生活。平时要注意捕捉口语中鲜活的语言，并把这些俗语、谚语等记在随身带的小本子或卡片上，日积月累你的作文水平就能得到很大的提高。

2 想一想

除了找好素材、勤加练习以外，还有什么方式可以提高我们的作文水平呢？许多优秀教师都很赞同写日记的方法。有趣的是，你可以每个月只记同一天的事情。比如说，某同学5月3日学滑冰。一开始，很害怕，还摔了几次。第二个月的这一天，由于他的努力和朋友的帮助，他滑得已经很好了。这种写日记的方式是不是能给你练习写作增加一点趣味性呢？

3 读一读

莫泊桑在年轻的时候就对写作入了迷，但是他的文章却不见什么起色。他很焦急，就问他的老师福楼拜，说："老师，我已经读了很多书，可为什么一到写文章时，总还是感到写人、记事、状物不够生动呢？"福楼拜直截了当地说："写作文光靠仔细观察还不够，还要能发现别人没有发现和没有写过的特点。如：当你走进一个工厂的时候，就要用画家的那种手法，把守门人的身材、姿态、面貌、衣着及全部精神、本质表现出来。"莫泊桑把老师的话铭记在心，遵循老师的教导，经常深入生活，仔细观察，积累材料，坚持天天写，后来终于成了法国著名的作家。

家

学校

第六章

学数学的好习惯

数学是一门理性学科，它要求同学们要以严谨的态度去对待。比如，我们要理解概念、活用公式、仔细审题，多角度思考问题……那么丁丁是怎样学好数学的呢？我们还是来看看他的故事吧！

丁丁没审好题

数学课上，丁丁正在做这样一道题目：

梯形的面积是24平方厘米，高为4厘米，下底比上底多出的一部分为0.6分米，求梯形的上底。（用方程解）

丁丁的解答是：

丁丁做完后很高兴地把解答拿给李老师看，可李老师摇了摇头，说他做错了，让他回到座位上重新改一下。

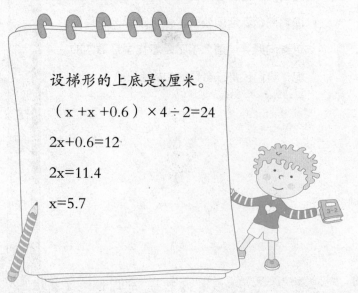

设梯形的上底是x厘米。

$(x + x + 0.6) \times 4 \div 2 = 24$

$2x + 0.6 = 12$

$2x = 11.4$

$x = 5.7$

"难道不是根据'（上底+下底）×高÷2'这个公式来做吗？"

丁丁感到很纳闷，他小声地问金光："金光，你做的答案是多少啊？"

"我的答案是3厘米。老师说我做对了！"金光骄傲地回答道。

"那金光你给我看看吧，我不知道我哪里做错了！"丁丁无助地看着金光。

金光仔细看了丁丁的解答："噢！我看出来了，你没有把0.6分米换成6厘米。"

丁丁这才恍然大悟："原来我没仔细看题，错在单位换算上了啊！"

之后，丁丁把单位换算了过来，又把式子重列了一下，再交给李老师，李老师果真给丁丁打了一个大大的对号！当然，李老师还特意给丁丁写了一句批语：下次做题一定要先看清题目！

1 学一学

好习惯1：学好概念和公式。 要想理解好题意，就要首先记清数学定义和定理，因为很多题目是以定义和定理为基础来进行考察的。

好习惯2：正确理解题目中的重点词句。 有的应用题是用关键词来表达它们之间的数量关系的，经常会用到"共""还剩""比……多……""比……少……""降低""是……几倍""增加到"等关键词，这些词在应用题中有很重要的作用，因此在学习时应该多注意关键词在题中的含义，以便提高自己解决应用题的能力。

2 想一想

对于数学中的一些抽象题目，我们可以采取什么方法审题呢？广州市的武瑞恒老师推荐给大家一种做图法。比如求长方形的面积，我们就可以根据题目给出的长、宽把图画出来进行求解。这样不仅能把题目审清、审透，还很容易解答。

3 练一练

数学家年龄之谜

一位数字家的墓碑上刻着这样一段话："过路人，这是我一生的经历，感兴趣的可以算一算我的年龄：我的生命前七分之一是快乐的童年，过完童年，我花了四分之一的生命钻研学问。在这之后，我结了婚。婚后5年，我有了一个儿子，感到非常幸福。可惜我的孩子在世上的光阴只有我的一半。儿子死后，我在忧伤中度过了4年，也跟着结束了我的一生。"根据墓碑上所刻的信息，你能计算出这位数学家的年龄吗？

035

谁点错了小·数点

晚上吃完饭后，丁丁抱着那本他心爱的《故事大全》就开始读起来了，他看到了这样一个故事：

在1961年8月23日，苏联的联盟一号宇宙飞船在返回大气层时，突然发生了恶性事故——减速降落伞无法打开。经领导研究决定，向全国实况转播这次事故。当人们听见播音员沉重地宣布宇宙飞船将在两小时以后坠毁时，全国人震撼了，人们将亲眼目睹宇航员科马洛夫殉难的全过程。电视机上，科马洛夫镇定自若地微笑着，他亲切地对母亲说，他能清楚地看到她的每一根白发。在他与女儿在电视上见最后一面时，他笑了，他对早已泣不成声的女儿说："你学习时，要认真对待每一个小数点，联盟一号今天发生的一切，就是因为地面检查时忽略

了一个小数点。"之后，科马洛夫的生命随着飞船坠地的一声巨响而烟消云散了。

　　丁丁读完这个故事后，心情有些沉重。放下书，洗漱干净以后，丁丁就犯困了，他躺在床上不一会儿就进入了梦乡：他梦见自己长大后成了一名航天工作者，他的工作是专门点小数点。一次，有人问丁丁点完小数点了没有，丁丁不想别人笑话他点得慢，就对别人说，我早点完了。随后，丁丁就听见一声"发射"，科马洛夫的飞船升空了，丁丁一想，哎呀，糟糕！小数点我还没点完呢！原来，我就是那个点错小数点的人啊！

　　第二天，丁丁把这个梦讲给爸爸妈妈听，爸爸妈妈都笑了，而丁丁却很严肃地说："为了避免再次发生这样的事情，我以后再做数学题的时候一定要细心，不能点错了小数点！"

　　爸爸妈妈又笑了，这一次是会心的笑。

学一学

好习惯1：**字迹不能潦草。**我们在做练习、考试的时候，一定要做到下面几点：字迹要清楚；字与字之间、行与行之间的距离要适当，不要写得太密；公式、绘图要工整、清晰。

好习惯2：**化时为量法。**做作业时马虎出错，绝大部分是因为不专心，这时你可以采用"化时为量"的方法。如：把"我还要25分钟才能做完"这种想法变为"我还有五道题目就做完了"，这样就可以让自己专注于做题，大大减少出错的几率。

想一想

为什么很多自己熟悉的题目，考试的时候却更容易出错呢？我们在考前做了充分的准备，所以考试时肯定会遇到一些看起来很熟悉的题目。但这个时候你可别高兴太早。命题老师往往会利用我们这样的心理，在出题时偷偷地设置了一些陷阱。有些题目常常只是改动了个别字词，或者变换一下条件，那么解答的方法就会完全不同。所以，越是以为这道题你以前做过，就越要小心，切莫粗心大意。

练一练

中考状元赵朝阳同学说，告别粗心能使你大幅度提高学习成绩。那么，戒掉这个坏习惯有什么小窍门呢？赵朝阳的经验是经常玩魔方，他说："魔方玩起来很简单，把每个小方块位置随意打乱，然后再按原来的模样将魔方拼好。小小的魔方不仅可以使你戒掉粗心的坏习惯，还可以提高你的耐心程度，慢慢地你会发现自己比以前细心多了！"中考状元的话是不是对大家很有启发呢？

用例子解释抽象概念

"嗯？循环小数是什么来着？好像学过，又好像没学过。"丁丁在做数学作业的时候碰见了"老朋友"循环小数。循环小数认识丁丁，可是丁丁却不认识循环小数了！

"我还是查查书吧！"丁丁对自己说。

丁丁还真在数学书上查到了循环小数，的确是学过的知识，可是不知道丁丁当时听课的时候心又跑到哪儿玩了，要不然他现在对循环小数也不会感觉这么陌生了。

"儿子，做完作业了没有啊？我给你做了你最爱吃的糖醋鲤鱼哦！"

"我不吃了，上次我就是光顾着吃鲤鱼才忘记做作业的！"丁丁冲着妈妈大声地说。

丁丁这么一说，妈妈倒是想起来了："原来上次丁丁是着急吃鱼，没写完作业啊！"

"呵呵，那宝贝儿你在做哪部分内容呢？"妈妈笑着问丁丁。

"我在做数学作业，可是我不知道循环小数是怎么一回事了。"丁丁愁眉苦脸地望着妈妈。

"循环小数啊，循环小数就好比是一天三顿饭，每天不断地重复。循环小数还好比是一个星期有七天，这七天不断重复。循环小数就是'从前有座山，山上有个庙，庙里有个老和尚，老和尚给小和尚讲故事：从前有座山，山上有个庙……'"

"原来是这样，妈妈讲得真不错，我明白了！"

"宝贝儿，以后遇到不好懂的内容，就可以举具体的例子来理解哦！"

后来，丁丁用举例子理解的方法解决了很多数学中的抽象问题，他觉得这个方法真的很不错！

1 学一学

好习惯：把课本上的例题再做一遍。如果数学是一头"牛"，"牛鼻子"就是例题。抓住例题，把例题弄懂弄通，学好数学就不在话下。同学们可以准备一个练习本，先把例题抄写在本子上，把它当成练习题做一遍。如果做不出来，再翻开课本复习一下，再试做一遍，直到自已不看课本能够顺利做出来为止。

2 想一想

升入高年级以后，数学的难度越来越大，每学期的课本中都有大量的概念和例题，怎么才能熟练掌握呢？一个很好的方法就是利用"数学卡片"来整理和利用学到的数学知识。找出一些硬卡纸，在第一张中写上基本概念或基本数量关系，然后在后面的卡片中摘录例题。比如，在一叠卡片中，第一张写着乘法分配律以及字母公式："两个数的和与一个数相乘……"后面的卡片中都摘录运用这个运算定律所进行的简便运算题。最后，用漂亮的小夹子把卡片夹起来。这样，一叠数学卡片就完成了。平时学习时只要把这些卡片拿出来一叠一叠地看，就能系统地复习好课本中的数学知识。

3 练一练

学习数学也可以用写日记的方法。试着用下面的格式，写一篇数学日记：

今天数学课的课题：＿＿＿＿＿＿＿＿＿＿＿＿＿＿＿

所学的重要数学知识：＿＿＿＿＿＿＿＿＿＿＿＿＿＿

学习知识采用的方法：＿＿＿＿＿＿＿＿＿＿＿＿＿＿

我理解得最好的地方：＿＿＿＿＿＿＿＿＿＿＿＿＿＿

不明白或还需进一步理解的地方：＿＿＿＿＿＿＿＿＿

所学内容能否应用在日常生活中，举例：＿＿＿＿＿＿＿

037

有选择地做课外题

课间休息的时候，丁丁问刘浏："刘浏，你妈妈给你买课外书看吗？"

"买啊！"

"我妈妈也是，给我买了好多课外书，那么多题我怎么做得完嘛！"丁丁有些抱怨地说。

"是呀，放学回家后，除了做作业还要做课外资料上的题目，那么多，见了就头疼。"刘浏回答道。

一会儿，李老师走进了教室。他一眼就看见了刘浏和丁丁愁眉苦脸的样子，于是就问刘浏："刘浏，你和丁丁怎么了？看上去不高兴啊？"

"没什么，老师。就是妈妈给我们买了很多的数学参考资料，总是让我们做题，我们感觉很头疼。"

"呵呵，原来是这样啊！妈妈给你们买资料，其实是为了强化你们所学的知识，我们不应该怪妈妈，可以这样告诉妈妈：对于课外书上的题目，我们要有选择地对待。首先，那些自己不会做或是经常出错的题目类型，我们要从参考书上找出来反复练习；其次，课上老师讲的那些重点和难点，如果课外资料上涉及到了，也要重点练习。把握好了这两点，我们就可以正确、轻松地用好参考书了！"

"嗯！谢谢老师，这下我做题的时候就有目标了！"刘浏说。

不过丁丁心里却打起了小算盘："下次妈妈让我做参考资料的时候，我就说李老师告诉我只要做错题和重点题，这样我就不用做很多题了！哈哈。"

每天三分钟，收获好习惯

好习惯1：**先看目录。**建议大家拿到一本参考书后先看目录，把自己认为重要的和需要加深学习的章节用横线画出来，先完成这些章节的学习和训练，然后再做其他题目。

好习惯2：**规范草稿纸。**做数学题大家都会打草稿，建议大家做题时，把每道题目的解答过程都写在草稿上，并且在题目前都写明题号。这在很大程度上可以保证思路清晰，而且方便你回头检查。

参考资料那么多，我们应该选择什么样的呢？中考状元陈茜茜同学在谈到参考书的利用时说："对于参考书上的题目，我们要精选精做。在不知道如何选择的时候，可以让老师帮忙把需要做的题目画出来。在做题之前，一定要先思考，细致做答。只有在先作完题目之后再参阅答案，这样才能有进步。切不可把参考书当做课堂'小电脑'，应付作业的'小助手'。"

艳艳想寄很多封信，于是她递给邮局卖邮票的职员一张10元的人民币，说道："我要一些2角的邮票和10倍数量的1角的邮票，剩下的全要5角的。"这位职员一听懵了，他思索着如何才能满足艳艳的要求，你能帮帮这位职员吗？

038

解题要从多个角度考虑

今天的数学课上，李老师出了这样一道证明题：两个梯形一定能组成一个平行四边形。并要求大家分组讨论。丁丁、刘浏、金光和李清是一组，丁丁做讨论组组长。

丁丁很高兴自己能做组长，他想："既然我是组长，我得起个带头作用啊！"

"我觉得两个梯形一定可以组成一个平行四边形。"丁丁画了两个梯形给大家看。

"我觉得丁丁说得对。"金光点着头说。

"我也赞同丁丁说的！"刘浏说。

"李老师不会给我们出这么简单的题目吧？我觉得应该有陷阱的，可是我又说不上来。"李清说道。

讨论结束后，轮到丁丁这一组发言了，丁丁很自信地说："我们组一致认为两个梯形一定可以组成平行四边形。"

"大家还有其他意见吗？"

王晓旭那一组给出了相反的意见，他们认为两个梯形不一定能组成平行四边形。

"为什么这么说呢？王晓旭同学可以讲讲吗？"李老师问。

"我可以在黑板上画个图来讲解吗？"

"当然可以。"

在得到了老师的允许后，王晓旭在黑板上画了这样的两个梯形：

"看！这样的两个梯形就不能组成平行四边形。"

"王晓旭同学回答得很好，当我们在遇到数学问题的时候，不要有思维定势，一定要从多个角度考虑考虑！当你知道 $10 \div 5 = 2$ 的时候，你可以考虑一下 $2 \times 5 = 10$。"

丁丁听了老师的话后，似乎明白了很多。

1 学一学

好习惯：一题多用。我们做完一道题目以后，可以试着把结果换成已知条件，然后把某个已知条件改成所求的问题，然后过一段时间再来解答这道题目，看自己是否还能做出来。这样的训练有利于自己思维的开阔，巩固所学知识。

2 想一想

以优异成绩考入北京大学的李琴琴同学说："我平时有一个习惯，就是对着数学课本的目录看，看自己熟悉的章节在哪儿，自己比较陌生的章节又在哪儿，从而确定一下哪些数学知识是自己没有掌握的，这样做练习的时候就可以有的放矢了。这种方法在考试时也帮了我大忙，遇到做不出来的题目，我会先根据题目想一下此类知识在哪一章里提到过，等把知识点归到目录上然后再想该章的主要内容。等把知识点都理清之后，思维就变得清晰多了。我能考入重点大学，这个学习方法帮了我不少忙。"

3 练一练

下面6个图形中，有4个图形可由同一图形旋转不同的角度得到，但有两个不能，你能找出不能的两个图形吗？

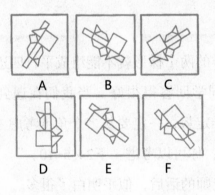

A B C

D E F

120

039

数学题做对答案不是目的

"哈哈……爸爸，你看！我把自己做的数学题跟后面的答案一对，我全都做对了！"

"儿子真棒，可是你对这些数学题目都理解了吗？"爸爸问丁丁。

"怎样才算理解啊？我觉得做对了答案就是理解了！"丁丁理直气壮地对爸爸说。

"噢？那可不一定，你能告诉爸爸你是用什么样的方法做对的吗？"

"上课老师讲了相同类型的题目，我都记在笔记本上了，这次做的题目跟老师讲的例题是一个类型，所以我凭着记忆就做对了！"

"那儿子，你能不能给爸爸讲解一下，你做题的时候用到了课本的哪一部分知识进行解答吗？"

"这个……"丁丁挠了挠头说。

"哈哈，所以说，'依葫芦画瓢'谁都可以做到，但是做题的最终目的还是要把题目中的知识点弄懂弄会才行啊！如果你不熟悉其中的知识点，只是套用公式做对了，那怎么行呢？下次换个形式考你，可能你就不会了！所以，你在听课时就要特别注意老师讲解时的思路，多问一问为什么这道题可以这样做，还要认真地思考解题方法是怎样产生的。当然，思考之后，还要多找一些题目练习才能巩固啊！"

"爸爸，我知道了，我这就去把题目给彻底弄明白，我还是很聪明的。"

"那当然！谁叫你是我儿子呢！"

"哈哈！"

1 学一学

好习惯1：整理新方法。当你在解题过程中学到一种新方法的时候，一定要把它记下来，最好让它成为你解题能力的一部分。一旦你掌握了多种方法，数学能力也就得到提高了。

好习惯2：做题做到熟练。很多同学在学习的过程中，满足于"已经懂了"，却很少去问自己：理解得深不深？做题速度快不快？要想确保自己能在考场上按时交卷，平时就要在做题的熟练度上多下工夫。

2 想一想

有的同学认为，做题只要做对了就行，但河北省高考状元池跃洁对此有不同看法，她说，尽管考试时结果对了才能得分，但在平时的练习中，解答思路要比答案更重要。在做题之后，要花一定的时间用于回顾。在思考的过程中，一定要问自己：为什么这个方法比较好？为什么我没有想到这个方法？以后在哪些情况下还可以用这样的方法？必要时，还需要拿一个小本子把那些自己觉得很有启发的思路和方法记在本子上，这比一味地埋头做题更有效果。

3 练一练

猜年龄的公式

姚教授有一个猜年龄的秘诀。他猜年龄的式子如下：

（你的年龄）× 10 + 20 × 10 + 165 = ？

把你的年龄填入上面这个式子（千万不要让姚教授看到），然后将最后的数字告诉姚教授，他就知道你的年龄是多少。你知道根据这个公式猜年龄的秘诀在哪里吗？

数学试卷也要整理

有一天，丁丁放学回家，看见爸爸伏在桌子上"喀喀喀"地按着订书机，他好奇地问："爸爸，你在干什么呢？"

"我在给宝贝儿子整理数学试卷呀。"爸爸微笑着说。

"给我整理试卷？"

"对呀，你过来看看吧！"

丁丁一看，爸爸把自己这个学期的各类测试卷都按照考试的日期，一张张地订在一起了，并且给这些试卷做了一张精美的封面，封面上这样写着：

周三数学当堂测验　9月10号，85分（丁丁计算题目错得太多）

周五小测验　9月12号，80分（丁丁太粗心了，以后要格

外注意！）

乘法测试题　　9月15号，90分（做得不错，但解答题的步骤没写清楚）

……

期中考试　　11月1号，93分（有进步，继续努力！）

"爸爸，你为什么这样做呢？"

"现在爸爸给你整理好了，这样你就知道你做错的题目有哪些，平时就可以重点练习啊！而且，等你下次考试的时候，你还可以有针对性地根据这些整理的试卷进行复习，这样不就省事多了吗？"

丁丁觉得爸爸说的有道理，但还是不忘问爸爸一句："老爸，你这招管用吗？"

"当然管用了！这可是我上学的时候老师教我的！而且效果还很不错呢！"

丁丁很感谢爸爸这么关心自己，于是他和爸爸一起，一张一张地认真整理起试卷来。

每天三分钟，收获好习惯

1 学一学

好习惯：用红笔改正。每份试卷发下来之后，无论是课堂订正，还是课后订正，都应该用红色的笔来写答案，这种做法便于大家以后总结时明确哪类题容易出错。

2 想一想

每个人的学习习惯都不一样，所以也应该找到适合自己的试卷整理方法。比如对于试卷中做错的题目，你既可以把它们抄在自己的错题本上，也可以把这些题目抄到课本上相关知识点的旁边，这样做可以利用错题加深对书本知识的理解，防止同类错误再次出现。

3 读一读

湖南省高考状元李静同学在谈到她的学习经验时说："我的成绩来源于我的整理，每考完一次试或做完一章的练习题，我就把不会的或者容易做错的题目整理到笔记本上，并且我会把试卷按科目分好类，在试卷分数后面写上自己的考试心得，还有哪些题目不会。我从小学开始就养成的这个学习习惯，帮了我不少忙。"

第七章

学英语的好习惯

英语是有些同学的大难题，他们甚至看到英语就头疼。那么如何轻松学好英语，提高自己的英语水平呢？大家可以看看丁丁学英语的故事，从中吸取他的教训、学习他的经验。

去你个头

有趣的记单词法

丁丁最近的英语学习有点儿跟不上了，张老师总是找丁丁谈话，丁丁自己也苦恼极了！每次从办公室回来，他总感觉好像同学们都在笑话他似的。

丁丁想了想，他觉得应该去向"小诸葛"孔亮请教一下，因为孔亮的英语总是班级第一。于是，好不容易熬过了一节英语课，丁丁就迫不及待地从班级的东北角，穿过一条条小过道跑到了西南角找孔亮："亮亮，你英语学得那么好，你在英语方面有什么'必杀技'吗？"

孔亮笑了，他对丁丁说："你哪一方面不会啊？可以提出来，我会的话就给你讲讲。"

"嗯，我最怕记单词了！单词我总是记不住，孔亮你可以告诉我你记单词的妙招吗？"

"呵呵，单词要是学过了不看，谁都会忘记的。所以，首先，在你学了单词以后，一定要隔一段时间就进行复习，这样就可以起到巩固的作用；其次，你可以在晚上睡觉前读两遍你要记的单词，然后第二天早上醒来的时候再读两遍，这样趁早上的清醒劲儿记起来就容易了；再次，你可以根据单词的发音和特点来记单词啊！比如单词eye就可以把两个e看成两个眼睛，中间y就是鼻子，还可以把单词bird的b和d看成两扇翅膀，这样就好记了，是不是？"

"哈哈，亮亮你真聪明。你说的方法真有趣！"丁丁笑着对孔亮说。

"这也是我通过查资料，听有经验的学长说的，你可以试试，对提高英语成绩很有帮助的。"

"嗯！谢谢你，亮亮，我会的！"

好习惯1：英语频道学英语。把电视调到少儿英语频道，把节目的播出时间与名称一一记录下来，然后看看哪些时段的节目适合自己，并将这个节目单抄写下来，提醒自己准时收看。这对提高自己的英语成绩是很有帮助的。

好习惯2：模仿老师发音。同学们在课堂上要认真听老师的发音并进行模仿。通过听和模仿，学会辨别单词的重音和句子的语调，培养优秀的英语语感。

1939年，著名记者斯诺第二次访问延安，把一本有他亲笔签名的著作《西行漫记》送给毛主席。毛主席当即回了一张便条，上面只有一句话：三块肉喂你马吃。斯诺一头雾水，后来他才恍然大悟，原来这句话是英语 "Thank you very much（非常感激）" 的中文音译。斯诺被毛主席这种幽默逗得哈哈大笑起来。

平时有空坐下来，可以自己跟自己做做游戏，用英语单词的首尾字母进行接龙游戏。比如，首先随意选一个词，用它的末尾字母作为第二个单词的开头字母，想出第二个单词，然后再以第二个单词的末尾字母，想到第三个单词，试试自己每次能接上多少个单词。你还可以把每次的成绩记录下来，看看自己是不是能够不断进步，打破自己的记录。

卡片帮助自己理解

　　课间十分钟，淘气的丁丁这儿看看那儿瞅瞅，这儿玩玩那儿逛逛，突然，丁丁看见刘浏手里摆弄着好多张类似扑克牌的卡片。丁丁心想："这是什么呢？刘浏不会是打扑克牌上瘾了吧？"

　　出于好奇，丁丁就跑过去坐到刘浏同桌的座位上，对刘浏说："刘浏你在干吗啊？课间还打扑克牌呢？"

　　"哈哈，打扑克牌？你看看这是什么？"刘浏一边笑一边把卡片拿给丁丁看。

　　"易混什么卡片。""混"字后面的那个字丁丁不认识，他只能这么读。

　　"这是易混淆卡片。"

　　"你用这个卡片做什么啊？"

　　"当然是用来掌握那些不好区分的单词用法了。你看，以容易混淆的on和in为例。我取一张卡片，正面写上on的用法，反面写上in的用法。①The apples are on the tree. ②There are two birds in the tree.长在树上的苹果就用on，后来飞上去的鸟儿就用in了。"

　　"嘿嘿，真好玩，这个方法你听谁说的？"

　　"我听'微风轻轻吹'说的。"

　　"微风轻轻吹？怎么这么熟啊？"

　　"哈哈，你也加她好友了吧？她就是我们的孙老师啊！"

　　"孙老师？她教我们语文，又怎么会知道这个方法呢？"

　　"孙老师的女儿考过了英语托福，可厉害呢。本来这个方法我也不会，后来网上聊天的时候我就跟孙老师说了我的困惑，孙老师就从她女儿那里问到了这种方法，哈哈。"

　　丁丁恍然大悟："噢！明白了，原来上次教我上课集中注意力的人，就是孙老师啊！孙老师太伟大了！我也要用这个制卡片的方法试试！"

1 学一学

　　好习惯：每天进步一点点。 对于自己总是记不住的单词或者句子，可以一天只记一个或者两个。不求数量，但一定要记牢固，这样坚持下去，你就会欣喜地发现，那些自己记不住的单词和句子再也不来捣乱了。

2 想一想

　　英语学习需要有一个良好的学习环境。那么怎样才能为自己营造出一个好环境呢？在日常生活中，看到每一样东西都要去想，它用英语怎么说？比如在家里，进了厨房，看到冰箱、微波炉、煤气炉、电饭煲、锅、碗等，要去查查这些用英语怎么说，然后把它们记下来。同样，走进书房，看到书桌、电脑、台灯等；外出时，看到各种景物，学校、电车、公用电话等，总之，自己周围环境中的每一样物件，都要想方设法记住它的英语名称。这样积累下来，自己就能学到很多词汇，而且都是非常实用的词汇。

3 读一读

　　"疯狂英语"的创始人李阳少年时性格内向，非常自卑。他从初中开始成为逃课大王，高一第一学期五门功课不及格，大学四年十三门功课补考。但大学二年级时，他开始痛定思痛，决心从英文突破自我。为了防止自己再次退缩，他约了班里最刻苦的同学，立下军令状，每天都会找一个偏僻地方大声喊英语。通过不断的坚持，李阳不仅通过了学校的英语考试，后来还成了一位英语培训专家。这种将英语单词或者句子喊出来的方法大家是不是也可以试试呢？

英语也要写日记

今天的英语课结束后，张老师对同学们说："大家试用自己学过的单词，写一篇日记，明天交上来。"

"咦？英语也要写日记？听过语文写日记，没听说过英语日记啊？"丁丁对金光说。

"哈哈，丁丁你太逗了，人家外国人不就是用英语写日记的吗？"金光一边笑着一边说。

"也对。"

放学一回家，丁丁就开始写英语日记了，但是他不知道写什么，他想了想，最后觉得《我的一天》会比较好写。

他就写下了这样一段话："today is 星期天，我刷好牙，洗好脸，eat one cake，ride my bike，来到了 bus stop，准备到郊外放我的 kite，等我玩了一会儿，I am thirsty，我喝了一杯

milk，天很晚了，我就回到home，看见my dog 正在门口欢迎我。"好多单词丁丁都不会写，他只好用汉字替代了。

写完后，丁丁心想："要是这样的作业交上去，老师会不会笑话我啊？"

第二天，丁丁硬着头皮把自己的日记交上去了，结果张老师不仅没有批评他，反而在班里夸奖了丁丁。张老师对同学们说："记英语日记是一种学习英语的好习惯。同学们在记英语日记的时候，不要害怕一个句子不能完整地用英语表达，只要你把单词用到句子中了，就会大大加深你对英语单词和词组的理解能力。所以，我不建议大家在写英语作文时用汉语拼音代替，而对于像丁丁那样勇于尝试的同学，我要提出表扬！"

丁丁心里乐开了花！

每天三分钟，收获好习惯

1 学一学

好习惯：汉译英法写日记。 在不知道如何下笔写英语日记时，大家可以先把一天中发生的事情用中文列出来，然后再把它们翻译成英语。这样写起来就简单多了。

2 想一想

在大家开始记日记时，肯定会碰到许多英语词汇不会写的情况，这时候该怎么办呢？优秀教师建议我们，可以用汉语先写上，以后学会了英语表达，再补上去。千万不要因为一两个词写不出，就没了记英语日记的兴趣，甚至放弃用英语记日记。只要你注意积累，一定会发觉自己英语日记中夹杂的汉语越来越少，最后变为地道的英语日记。

3 练一练

北京市方庄一小·四年级的刘雯同学整理的"错误卡片"非常值得我们学习。用这个卡片把自己犯的错误详细记录下来，平时经常拿出来看看，错误就会越来越少了。当多次复习之后不再犯这个错误了，就可以将该卡片剔除。举例如下：

编号：001

改正目标：时态错误

典型错误：I go to XinHua bookstore yesterday.

更正：I went to XinHua bookstore yesterday.

改正说明：句子写的是yesterday发生的事情，应该用过去时。

特别注意：go 的过去式是went。

课间的单词接龙

　　自从英语老师表扬了丁丁后，丁丁感觉自己学习英语的热情全部被英语老师激发出来了。

　　"丁零——"下课了，丁丁本想出去玩，可他看见王晓旭那边围着很多同学，于是丁丁也跑过去凑热闹，原来大家是在玩单词接龙的游戏，每人按顺序说一个单词，要求前一个单词的最后一个字母，要成为下一个单词的首字母。丁丁觉得很好玩，也主动加入了这个游戏。

　　"teach—here—eye——……"

　　"say—yes—stand—danger—room—mail—"

　　轮到丁丁了，丁丁要接mail的"l"，丁丁想了想说："let。"

　　"哈哈，丁丁你真伟大，你的一个'let'让我们的游戏结

束了。"王晓旭对丁丁说。

"怎么就结束了？还可以接着玩啊，'t'还可以接'teach'呢！"丁丁回答道。

"这跟我们刚开始玩的'teach'冲突了。最后一个单词如果和游戏刚开始的单词是一样的话，游戏便结束了！"王晓旭解释给丁丁听。

"可是，那个't'还可以接'to'呢！"丁丁感觉这个游戏太好玩了，他还不想结束。

"嗯！也对。"

于是，新一轮的单词接龙游戏又开始了。

直到放学了，丁丁还觉得意犹未尽，单词接龙真是个新鲜有趣的游戏，很多他原来不会的单词，通过这个游戏都一一掌握了。他想："回到家我还可以找爸爸妈妈一起玩，那样就更有意思了！"

每天三分钟，收获好习惯

①学一学

好习惯：多说英语。同学们在课后可以主动与英语老师说英语，多参加英语课外活动，如英语角、英语日等活动。另外，在上学、放学的路上，也可以和同学们用英语交流、复习课堂上的内容。

②想一想

有时候作业太多，晚上背诵英语课文的时候，怎么也记不住，这时候该怎么办呢？上海市蕃瓜弄小学三年级的梁文婧同学发明了"两段式"的背诵方法，效果很不错，就是"晚上读""早上背"。晚上先将课文读熟，早上起来再试着背，这样很快就能回忆起来。这个方法同学们都可以试一试。

③玩一玩

单词表演游戏

同学A准备好单词卡片，卡片上写上单词，或者画上单词的图画，不让其他同学看见。然后用肢体动作表演出该单词，让同学们猜单词。谁先回答正确，即可得10分。第一个累积到100分的同学就是游戏的winner，然后再由winner开始新一轮的游戏。

045

养成听听力的好习惯

又是一个愉快的周末，丁丁写完作业后，就向妈妈申请去找孔亮同学玩，丁丁的理由是，他想知道那些英语学得好的同学周末都在家里做什么。妈妈痛快地答应了。

"丁零——"

"欢迎丁丁。"开门的是孔亮的妈妈。

"孔亮，丁丁来找你玩了。"妈妈对房间里的孔亮说。

"嗯！丁丁来我房间吧！"孔亮探出头对丁丁说。

"孔亮你在干吗呢？怎么还放着听力啊？"丁丁疑惑地问孔亮。

"哈哈，不是听力，这是我正在欣赏的歌曲。"

"歌曲？"

"对，你听。"

What is this? What is this? It is a radio.

What is that? What is that? It is a chair.

Can you tell me what this is?

Can you tell me what this is?

It is a dog. It is a dog. Yes, it is a dog.

"真好玩，孔亮，原来你英语那么好，就是这么听出来的啊！"丁丁笑着对孔亮说。

"英语不就是听、说、读、写、练嘛！我们刚开始学英语的时候，老师就强调过了。我想，听就是在听力上下工夫，所以没事的时候我就会听一些英语句子或者英语歌曲，这个方法挺管用的，还能培养起我对英语的兴趣呢。"

"等我回家了，我也试试！哈哈。"

"好，记得把你的试验结果告诉我噢！"

和好伙伴孔亮玩了一会儿游戏之后，丁丁就回家了。晚上，丁丁突然给孔亮打了一个电话："孔亮，你的方法真的太见效了！"孔亮很惊讶："不可能吧，怎么这么快？"丁丁笑着说："我妈妈一听说我从你那儿学到了一种好方法，就立刻答应给我买一个变形金刚啦，你说快不快！"

丁丁的这句话把孔亮给彻底雷晕了。

每天三分钟，收获好习惯

好习惯：不限材料。 除了听英语课文、老师的课堂用语外，我们还可以听英语故事、听英语演讲、听英文歌曲，只要有助于提高英语听力的材料我们都可以拿来听。

大家平时学习都比较紧张，很难抽出大块时间来进行听力训练，那么我们是不是就放弃练习听力呢？当然不是。优秀教师给大家推荐一个好方法，就是情境法。大家可以在起床、吃早餐晚餐甚至洗澡的时候播放英语磁带，不限哪个单元、哪篇课文、哪段对话，也不要求自己听清听懂。自己一边听，一边穿衣、刷牙、洗脸，不知不觉地就融入英语环境中了，这样做既让自己听得很轻松，也能培养语感。

要提高英语水平，就必须熟练掌握英语的常用句型。改变句子成分，是进行英语句型练习的最好方法。比如，我们学习一个句子：He went to bookstore to buy a dictionary. 请大家对它进行改写：

1. 将主语改成：I, she, you, they...
2. 将谓语改成：run to, come to, hurry to...
3. 将时态改成：现在时，将来时...

背故事学英语

　　这天丁丁正在忙着做题，金光对丁丁说："丁丁，我给你讲个英语故事吧，看你能不能听懂我在讲什么。"丁丁心想，自己英语那么差，可能等他讲完了，自己也不知道他在讲什么，可是为了面子，丁丁还是鼓起勇气对金光说："你说吧，说完了我肯定能听出来。"

　　于是金光便开始讲了：

　　One day, a little monkey is playing by the well. He looks in the well and shouts: "Oh! My god! The moon has fallen into the well!" An older monkeys runs over, takes a look, and says: "Goodness me! The moon is really in the water!" The oldest monkey comes over. He is very surprised as well and cries out: "The moon is in the well." A group of monkeys run over to the well. They look at the moon in the well and shout: "The moon did fall into the well! Come on! Let's get it out!" Then, the oldest monkey hangs on the tree up side down, with his feet on the branch. And he pulls the next monkey's feet with his hands. All the other monkeys follow his suit, and they join each other one by one down to the moon in the well. Just before they reach the moon, the oldest monkey raises his head and happens to see the moon in the sky, he yells excitedly: "Don't be so foolish! The moon is still in the sky!"

　　看见丁丁云里雾里的迷糊样子，金光问道："哈哈，丁丁你听明白我讲的是什么故事了吗？"

　　"当然知道啦！你讲的是一群猴子在一起玩的故事！"

　　"哈哈哈，笑死我了。"金光一边笑一边捂着肚子。

　　丁丁知道自己肯定出丑了，就对金光说："那你说你讲的什么故事啊？"

　　"我讲的是猴子捞月的故事！我妈妈最近告诉我一个提高阅读能力的方法，就是多读多背英语小故事，能培养自己的语感。你看，我的英语水平是不是又提高了呢？"

　　丁丁虽然觉得很没有面子，但他并没有灰心，他想："我学会了金光的这个方法后，改天我也讲一个故事给他听，一定把他难倒！"

①学一学

好习惯1：分类背诵法。 大家在背诵英语文章的时候，不妨将这些文章进行分类，如：将描写季节的文章放在一起背诵，将描写人物的放在一起背诵。这样做不但可以加深印象，还可以为以后写作文积累好材料呢！

好习惯2：注意难度。 背诵英语材料一定要符合自身的学习情况，不能挑选过难的材料，否则可能会使自己的自信心受挫。如果实在找不到适合自己背诵的故事，可以让老师或者其他同学推荐。

②想一想

你知道用什么规律和方法能快速背诵英语文章吗？记忆专家告诉我们，最好的背诵方法就是稳扎稳打、步步为营。一篇文章，一段一段地背；一段之中，一层一层地背；一层之中，一句一句地背。背了上一句，再背下一句，连句成层；背了上一层，再背下一层，连层成段；背了上一段，再背下一段，连段成篇。只有这样，文章才能记得十分牢固。

③玩一玩

组词比赛

几个同学一起，每人准备好一个至少有7个字母的英语单词，比一比谁能用原单词的字母组合写出最多的新词来。例如单词"kitchen"，从中可以拼写出来的单词有："it""net""kite""nice""hit"等。

145

班里的超级模仿秀

英语课上，张老师带大家学习完新课后，对大家说："同学们，现在请把课文朗读一遍。一会儿我们要做个'超级模仿秀'的小游戏，表现优秀的同学可以得到一个精美的笔记本作为奖品！"

丁丁想："朗读课文太费力气了，我还不如在心里读呢。"

大约过了十分钟，张老师说："现在，咱们对课文的内容进行分角色阅读。请姚伟同学扮演爸爸，王珍珍同学扮演妈妈，张莉同学扮演奶奶。最后一个角色谁还想参加？"

丁丁想："这个游戏好玩，要是能得到那个本子，回家后还可以跟妈妈吹吹牛呢。"

想到这儿，丁丁把手举得老高。张老师看见丁丁这么踊跃，就说："那就请丁丁同学扮演小朋友吧！请这几位同学上讲台，大家欢迎！"

于是节目开始了。

姚伟："What is the weather like in Beijing?"

王珍珍："It is rainy."

张莉："How about New York?"

丁丁："Let me see. Let me see."

同学们看见丁丁在那儿see不出来了，都哈哈地笑起来，张老师示意大家不要笑，丁丁知道自己出丑了，不过他反应还算快。"It is rainy，too."

最后张老师表扬了这四位同学，还给丁丁也发了一个笔记本。

尽管得到了表扬，可丁丁却并不高兴，下课后丁丁主动找到张老师说："老师，我觉得那个笔记本我不能要，我表演得不好。"

"丁丁，我把笔记本奖给你是鼓励你大声朗读课文的，因为大声朗读这个好习惯不仅可以帮助你提高对课文的理解力，还可以增强英语的语感。"

丁丁听了老师的话后，脸唰的一下红了。他想："我以后一定要大声朗读，要不就对不起这个笔记本了！"

每天三分钟，收获好习惯

1 学一学

好习惯1：读准语调。 语调是说话的腔调，是一句话里语音高低的反映。英语语调主要表现在句子的重音和声调上。语调不同，表达的意思也会不一样。

好习惯2：多开口。 中考状元王小·彬同学说："大家要珍惜英语课堂上每一次开口的机会，课上我们张开嘴巴说一说就能很快地记住单词和短语，下课后大家还可以朗读老师提供给大家的英语诗歌或者小·故事，这种朗读可以让我们体会到英语的基本语调、重读的节奏，不断增强我们的语感。"

2 想一想

英语要练好口语，首先就是要模仿。我们除了模仿老师的发音，还可以怎样练习口语呢？优秀教师建议我们充分利用录音机、复读机等设备的复读功能，在上完一节英语课后，回到家播放配套录音，跟着录音机读。当录音机里读完一个单词后，便按一下"暂停键"，自己念几遍，再拼读一遍，接着再继续听录音，再读、再拼。有时还可以把自己的读音录下来，对比着听，几遍下来，自己就能很标准、熟练地读出单词了。

3 练一练

根据语调理解下面两种回答的不同意思：

A: Jean, can you bring me the newspaper?

1）B: Sorry?　　2）B: Sorry.

第八章

要考试了!

丁丁养成了良好的学习习惯以后,他的个人综合能力有了很大的提升。经过一个学期的不断努力,丁丁在学习中的问题越来越少了,他渐渐开始跨入优秀学生的行列。

考了十分

请用词语"十分"造句。

十分

我们的校园十分美丽。

这次考试我只考了十分。

我会告诉你爸爸妈妈的。

复习要用"吃药片"法

时间过得很快，一个学期就要结束了。面临考试，同学们开始了紧张的复习工作，丁丁也不例外。他已经改掉了很多学习上的坏习惯，对学习也越来越有兴趣。丁丁想："如果这次考试我能进入班级前五名，得个奖状就好了！"想到这儿，他更加努力地复习了。可是，他看到课本和笔记上的内容那么多，一下子就不知道该如何下手了。尽管老师上课的时候还是会带领大家一起复习，但是丁丁依旧感到很迷茫。该怎么办呢？

天气寒冷，加上丁丁这一段时间学习比较刻苦，丁丁一下感冒了。

晚上，妈妈把药片拿给丁丁吃，丁丁流着鼻涕对妈妈说："那么多药片，我不想吃。"

妈妈着急了，对丁丁说："宝贝儿你不吃药，感冒怎么能好呢？尽管药片多，但是你可以一片一片地吃啊！"

丁丁觉得妈妈的话有道理，于是他吃完了一片接着吃下一片，就这样，丁丁把所有的药片都吃完了。

后来，丁丁很吃惊地对妈妈说："妈妈，我怎么一下吃了那么多药呢？"

妈妈对丁丁说："做事就是这样的啊！贪多嚼不烂，把目标分成很多小目标就可以实现了！"

丁丁想，这种吃药的方法也可以拿到复习中运用，每天复习一点内容，等到考试前不就都可以复习完了吗？

后来，丁丁就按照这种"吃药片"的方法进行复习，取得

"吃药片"复习法真灵！

每天三分钟，收获好习惯

好习惯1：分散复习。如果有40分钟的复习内容，我们是一下子复习完呢？还是分成几段间隔复习呢？心理学家告诉我们：分散复习要比长时间的集中复习效果好。所以，我们不妨每次复习20分钟。中间休息之后再复习，这样就不会疲劳，复习效果也会更好。

好习惯2：交叉复习。当我们同时面临几门课程的复习任务时，最好采用交叉复习的方式，即这节课复习语文，休息后换成数学，再之后又变成别的科目，这样复习的好处是不会使自己产生厌倦心理。

实践证明，如果长时间用同一种方式进行复习，效果往往不好。那么我们复习时能不能多种方式并用呢？当然可以。比如背诵时，我们可以默读，或大声朗读，或抄写，可以不断变换方式或者结合并用。再比如复习语文，可以用朗读、背诵、默写、造句、写作文等不同的方式变换进行；复习数学时则可以看课本、记公式、做练习题交叉进行。

在复习的时候，大家可以用对知识点进行分类的方法来归纳总结。请将下面的中国古典著作进行分类：

《大学》《诗》《红楼梦》《中庸》《书》《西游记》《论语》《水浒传》《礼》《易》《春秋》《孟子》《三国演义》

了很不错的效果。

049

把知识串起来

丁丁感冒好了之后，妈妈鼓励丁丁多运动，所以这个周末丁丁可以跟好长时间不见的叔叔一起出去钓鱼，丁丁高兴极了，天还没亮，他就穿好衣服等着叔叔开车来接自己了。

"叔叔，我们要去哪里钓鱼啊？"

"去郊区呀！"

"噢！终于可以暂时告别沉重的学习任务了！"丁丁举着手望着蓝天说。

等到了目的地，丁丁要跟叔叔比赛看谁钓的鱼多，叔叔爽快地答应了。

最后的结果是：丁丁比叔叔多钓了3条小鱼。丁丁乐坏了，可是他也愁坏了，因为这么多鱼他和叔叔没法带回家。

"这么多鱼我们怎么拿啊？放在桶里鱼会跑出来的。"

"哈哈，这个问题就像你现在的复习一样，知识点那么多，不可能一下子全部放进脑子里，这时候你完全可以找一条主线，把这些小知识点串起来。这条主线可以是课本目录，也可以是每章的主要知识点！"

"噢！叔叔我明白了，咱们也可以把鱼都串起来，这样就方便带回家啦！"

"丁丁真聪明！"

回家的路上，丁丁问叔叔把知识点串起来的具体办法，叔叔笑了笑说："首先，在复习时，你可以打开课本，把书翻到目录，看每一个标题，然后回忆每个章节都包含哪些知识点。其次，就是看自己做过的题目和试卷，看看这些题目都考查了什么样的内容，在书本的第几章，然后根据题目把课本上的内容梳理一遍就OK了！"

"OK！Thank you!"

丁丁和叔叔都笑了。

 **学一学**

　　好习惯1：主次复习法。复习时可以先复习自己的弱科，把薄弱科目里面的单元题和试卷等再做一遍，看自己还有哪些知识点不会，先把这些问题弄懂。抓好薄弱科目的复习工作，往往能大幅度地提高自己的考试成绩。

　　好习惯2：目录法做复习。考前的复习阶段可以仔细阅读课本的目录和提纲，在头脑里形成整本书的框架，然后针对目录把每个章节的内容回顾一下，能想多少是多少，想不清楚的东西可以立即看书复习。

想一想

　　你知道吗？不同学科的特点不同，所以我们复习的重点也不一样。复习语文要注意：1.生字词，这是最关键的；2.文学常识，这也是期末考试要考的；3.每一篇讲读课文，要弄懂中心思想与主要内容。复习数学要注意：1.背熟公式、定理；2.做一些典型的例题。复习英语要注意：1.记住单词、语法；2.背重点的章节。

 **练一练**

　　揪出吝啬鬼

　　有多位著名作家都描写过吝啬鬼。那么，这些吝啬鬼都出自哪国的哪位作家的什么作品？同学们，仔细阅读，将它们揪出来吧。

法国	果戈里	《死魂灵》	泼留希金
英国	莫里哀	《欧也妮·葛朗台》	阿巴贡
法国	巴尔扎克	《威尼斯商人》	夏洛克
俄国	莎士比亚	《吝啬鬼》	葛朗台

提高成绩的错题本

丁丁最近感到很纳闷，因为他偶然发现张莉的笔记本下面还订了一个错题本！

有一天下课后，他看见张莉不在，就悄悄跑到张莉的座位上开始翻看她的错题本。丁丁看了大吃一惊，张莉的错题本上记了好多好多的错题！而且她还在错题下面进行了改正，并对出错原因进行了细致的分析。

错解：_____

错误原因：_____

知识点：_____

正解：_____

正在丁丁看得出神的时候，张莉回来了，她对丁丁说："丁丁，你怎么不打一声招呼就看我的错题本呢？"

"我想打招呼的，看你不在，我就自己拿起来看了。嘿嘿，张莉你真聪明，谁教你的这个记错题的办法啊？"丁丁笑嘻嘻地问。

"是我邻居家的大姐姐教我的，她去年考上了北京大学呢！你也可以建一个呀，错题本对纠正错误很管用的，还可以用来复习呢！"

"哦？那我怎么建呢？"丁丁疑惑地看着张莉。

"首先你把做错的题目在错题本上原原本本地抄一遍，或剪下来贴到错题本上。然后你要在错题本上记下做错的原因，并且再按照正确的步骤解一遍，看看自己能不能解答出来。如果有多种解法，还可以把思路简单地写上，或者把自己没有弄懂的和模糊的知识点写在错题本上，这样方便自己问老师和其他同学啊。"

"原来是这样啊！难怪你的成绩一直这么好。谢谢你张莉！"丁丁笑着对张莉说。

"错题本也能帮助我们进步，你可要记得噢！"张莉眨了下眼睛对丁丁说。

1 学一学

好习惯1：按章节归纳错题。同学们可将错题按知识点所在的章节进行归类，这样做的优点是便于分析错误的原因，清楚自己还有哪部分知识没有掌握，这样也便于复习。

好习惯2：给每科建立一本错题集。实践证明，如果各科都建立错题本，经常温故知"错"、持之以恒，同学们的考试成绩至少能提高20分。

2 想一想

同学们把错题本建立好了，但是错题本到底应该怎么用呢？一位中考状元提出建议，平时要抽空重做一下错题，比如一个月一次，考试前更应重做"错题本"。随着不断地做错题，"错题本"中的错误会越来越少，到最后考试的时候自然就不容易再犯错。

3 练一练

大家还可以把自己在考试中做错的题目以表格的形式进行整理，记录在错题本上。以语文试卷为例，把每次考试错题的失分分值、考点和原因都一一填入，这样你对失分原因就能一目了然了。

题型	失分分值	失分考点	失分原因
选择题			
填空题			
课内阅读题			
课外阅读题			
作文			

考试的答题顺序

周三下午的第三节课，丁丁所在的班级要进行一次数学模拟考试。丁丁觉得自己复习得也差不多了，所以他觉得这次模拟考试他能考好。

随着一声上课铃响，卷子发下来了。丁丁觉得试卷真简单，试卷所要考查的内容自己基本都复习到了。

丁丁顺利做完了一道又一道题目，突然，一道自己从未遇到过的题目出现在丁丁面前。为了能得高分，丁丁在这道题目上足足花了15分钟，可是最后还是没有得出答案。这时丁丁看了看表，才发现距离交卷只有10分钟了，丁丁一下慌了神，后面还有好几道题目没做呢……

第二天，模拟卷发下来了，丁丁只得了85分，下课后李老师找他谈话。丁丁对李老师说："我只有那道难题不会，后面的题目我都会的，可是没有时间做了。"说完丁丁低下了头。

"你是不是在那道不会的题目上浪费了很多时间，所以后面那些题目没有时间、也没有心情做了啊？"

"还是老师理解我。"

"考试都是有时间规定的，要想把自己该得的分拿到手，就要讲究答题顺序。合理的答题顺序应该是这样的：先把会做的、有把握的题目做完，然后再去做那些有难度的题目，如果对于难题自己一点思路都没有，那就应该把这道题目先放到一边，把时间用在检查上面。"

"老师，我明白了！下次考试我一定得100分！"

"好的！看你在期末考试中的表现了！"

好习惯：安排好答题时间。中考状元吴小·雨同学说："在考试答题的过程中，要注意自己预定的时间安排。如果一道题目本来的计划是5分钟，但是过了5分钟还没有头绪，就应先跳过此题目，解答下面的题目。若是已接近成功，时间可以适当延长。

怎样才能在考试时发挥自己的最佳状态呢？有经验的优秀教师告诉我们，在考试前可以把自己的生物钟按照考试的要求进行调整，让自己的生物钟和考试合拍。比如说，在考试前一两个星期，我们最好就开始按照考试时间来安排自己的学习。比如早上九点到十一点考语文，下午两点到四点考数学，我们也在每天早上这段时间内学习语文，在下午这段时间内学习数学。甚至可以在同样的时间内，模拟考试的氛围来做一些模拟试卷。这样，让自己的头脑的兴奋时间段跟考试一致，考试时才能发挥出更好的水平。

为了使自己的复习更有计划性，大家可以将每天复习的内容填入下表。这份表格可以大大提高你的复习效果。

时间	语文复习内容	数学复习内容	英语复习内容	其他科目
星期一				
星期二				
星期三				
星期四				
星期五				

考前的心·态调整

就快考试了，丁丁感觉有点儿烦躁不安，他虽然很有自信，但还是担心自己考不好。他想知道其他同学是不是也像自己一样，对考试有一点点害怕，有一点点不安。所以，晚上写完作业后，丁丁就打开电脑登录QQ了。他看见班级群里有很多同学在，于是就把自己的问题大胆地说了出来："我答应过妈妈这次考试我要考好的，可是这还没有考试呢，我就开始紧张了，我害怕自己考不好。大家跟我的想法是一样的吗？"

"是呀，是呀，要是考不好，走亲戚的时候，亲戚问了会有一小点羞羞的。"

"呵呵，我打酱油的。路过。"

"大家都来说说，该怎样减压啊？"

"滴——"原来是李老师上线了，大家都等着李老师来解

决自己的困惑。

　　"大家都有点儿考前紧张，呵呵，这是正常的，关键是别给自己太多压力，只要自己努力了，把该复习的知识都复习好了就可以了。考前心里不要总想着考试，该放松的时候要放松，像听听音乐啊，做做运动。进考场的时候做做深呼吸，考试没啥好怕的，就是换了个地方做作业！"李老师见大家都这么紧张，一上线查看了聊天记录后，就开始给大家支招了。

　　"哈哈，李老师太逗了！"

　　丁丁听完李老师的话后，心里感觉一点也不紧张了。他相信只要自己调整好心态，一定可以在考场上发挥得很好！

好习惯1：心理暗示法。用心理暗示的方法可以使自己放松，比如在心里默念"我很放松，我尽力就行了"。只有放松才能心态平和、充满自信，这样不仅能提高自己战胜难题的信心，也有利于保持头脑清醒、思维敏捷。

好习惯2：提前安排。提前安排自己的复习时间很重要。同学们必须知道自己得花多少时间用在复习上，每天需要完成多少复习任务。总之，要做到心中有数，把考前学习和生活安排得有条不紊，才能使自己保持良好的心情去考试。

是不是在考试之前应该全身心地投入复习，放弃平时的娱乐和爱好呢？考上清华大学的李嘉扬同学的经历值得我们思考：他小学时就十分喜欢打篮球。有一次眼看就要期末考试了，有天放学后，他邀了几个同学打篮球，被家长发现，没收了他的篮球。后来，老师与家长分析了打篮球的利弊，只要能合理安排时间，适当打打球是可以的。爸爸妈妈把篮球还给了他，他非常高兴，学习时劲头十足，期末考试他拿了年级第一名。后来上初中、上高中，篮球总是伴随着他，学习之余，他就像快活的小鸟，活跃在操场上。他的成绩也一直名列前茅，直到考取清华大学。

大家可以做适量的运动来消除考前紧张，如：散步、游泳、慢跑、骑单车等，一连坚持3个星期，大家的紧张心情就会降低。即使先前没有锻炼，现在做起来也还来得及，但要注意：不能一次锻炼过度，把自己搞得筋疲力尽。

爸爸考试没考好

"我哪里考得好了，刚好得了个及格，评优是没希望了。"

丁丁看见爸爸愁眉苦脸地在客厅打电话，就问爸爸怎么了。爸爸说："儿子，爸爸这次业务考试，才得了个及格。"

"哈哈，原来爸爸也不会考试啊！你是怎样考砸的啊，说给我听听，下周的考试我就不会像你一样考砸了！"

"你个鬼精灵。你看，爸爸这道题目明明是会做的，可是一不留神，没有看清题目，结果一下给弄错了。还有这道题，爸爸由于紧张想不起怎样解答了。还有这道……"

"爸爸，你比丁丁错的题目还要多！"丁丁眨巴着眼睛对爸爸说。

"可不是嘛，爸爸都好多年没有考试了。"

"爸爸，还有一个问题你没有注意，你写字太潦草了！"丁丁想到今天老师讲的考试书写问题，一下就给爸爸指出来了。

爸爸点着头直夸丁丁聪明。晚上睡觉前，丁丁打开电脑，在QQ空间里写了一篇叫《爸爸考试没考好》的日志。

爸爸这次没考好，他没考好的原因是这样的：

1. 爸爸考试太马虎。

2. 爸爸没看清题目。

3. 爸爸写字太潦草。

4. 爸爸考试太紧张。

尽管爸爸没考好，但是我还是很爱爸爸，分析了爸爸考砸的原因，吸取教训，我下周考试的时候就会注意了。最后丁丁要给亲爱的爸爸提几条建议：考试的时候一定要仔细点，把题目看清楚，不要紧张，注意规范噢！

爸爸看完丁丁的日记后，给丁丁留了一条消息：儿子，你写得真好！爸爸下次考试会考好的！

①学一学

好习惯1：越容易越细心。在考场上遇到自己感觉很容易的题时，大家更要仔细、谨慎。容易题对每个人都容易，容易题如果不注意就更容易出错。所以对于这样的考题，考试的侧重点在于细心。

好习惯2："蒙"一下。在考场上我们可能会遇到那些自己怎么也解答不出的题目，这时大家可以大胆地"蒙"，哪怕自己对题目要考查的知识点只存在着一些模糊的印象，我们也要写在试卷上，力求得些小分。

有的同学一上考场，试卷一发下来就迫不及待地开始答题。你觉得这样做合理吗？答案是否定的。在试卷发下来之后，首先要把试卷说明看明白，然后把试卷大体浏览一遍，做到心中有数。答卷时要根据先易后难的原则作答，不会的可以暂时空着（可用铅笔画个问号，全卷答完后再回过头来逐个攻克，做完后，把问号擦掉）。答卷过程中要冷静、沉着、细心，做完后要认真地填写答案。

考试时间一般比较长。长时间地紧张做题，同学们的大脑难免会感觉疲惫，有时还会由于书写过多出现手腕痉挛的现象，这都是考试疲劳的表现，会影响考试成绩。这时候大家可以试一试肌肉放松法。考试感到疲惫时，可以闭上眼睛休息片刻；或者调整好自己的坐姿，做到肌肉放松、扩展胸部、伸展脊柱；还可以捏捏鼻根、压压太阳穴和后颈椎等。

丁丁上考场了

新的一周开始了，这周对丁丁来说是忙碌、紧张的一周，因为这周丁丁都要在考试中度过。

"丁零——"数学考试的铃声响了，丁丁接过试卷，先检查了试卷有没有缺页和白页，然后在试卷上认真写上了自己的年级、学号和姓名，最后才不慌不忙地做起来了。

考场上的丁丁一会儿专注地看题目，一会儿认真地写答案，一会儿又在草稿纸上写写画画。不一会儿，他就完成了试卷的一半，可是他还是遇到了几道难题，丁丁并没有像上次模拟考那样，在这些难题上浪费很多时间，相反地，丁丁看到自己对难题没有思路，就只是简单地对题目做了个标记，然后就跳过去做后面的题目了。

做应用题的时候，丁丁告诉自己一定要弄清条件和问题之间的关系，把设问看准了。等最后都做完后，丁丁回过头又去看那几道难题，自己竟然把它们都做出来了。

这时，还剩10分钟的时间就交卷了，丁丁把这10分钟时间都用在了检查上。不检查不知道，一检查还真找出了2处错误！

语文和英语考试，丁丁也都是按照这样的做题顺序和细心程度来解答的，再加上之前养成了良好的学习习惯，丁丁很顺利地完成了这次考试。

果然，放假前几天，老师告诉丁丁考试结果提前出来了：这次考试，丁丁考了班级的第5名。丁丁高兴得蹦了起来，因为他一下子前进了11名！这一次，爸爸妈妈不知道会给自己什么奖励呢！

1 学一学

好习惯：认真对待平时考试。 中考状元李立斌说："不管小学还是初中，在考试前我们会有很多测验，我们应该充分重视并好好利用它们。不要去应付或者轻视平时的这些考试，否则只会是浪费时间。我们可以从平时的考试中学习很多知识，比如认真仔细、一丝不苟的品质，临危不乱、镇静的心态，还有诸如如何从考试中获得理想分数的技巧，等等。"

2 想一想

在考试中，大家可能经常会遇到了"卡壳"，比如本来会做的题目现在不会了，本来熟悉的公式、定理现在想不起来了，该怎么办呢？这时候你可以试着巧妙利用试卷中的其他题目，不妨先把这样的题目暂时放在一边。在做后面的试题时，有可能就会碰到与这部分做不出来的试题内容相关的题目，通过这些题目带给自己一些启发，使自己尽快地找到"卡壳"题的解决方法。

3 练一练

数一数，下图中的三角形、长方形和六边形各有多少个？千万不要马虎哦！

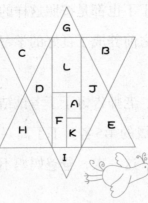

第九章
快乐的假期

丁丁终于如愿以偿地得到了奖状，而且是两张。一张是"三好学生"奖，一张是"进步"奖。过了五六天学校就放假了，丁丁终于暂时告别了紧张的学习任务，开始了他快乐的假期生活。

神农氏临死前

055

考试之后要胜不骄、败不馁

丁丁这次考试考得好，所以他恨不得把这个消息让自己所有的亲戚都知道，告诉他们自己考了班级第五名。这不，放假的第一天，他就先给叔叔打电话了："叔叔，我得了班级第五名，还发了两张奖状呢！"

接着，丁丁就开始讲班里的谁谁谁这次没考好，老师表扬了谁谁谁等。电话那头的叔叔笑了笑，对丁丁说：

"丁丁，考试可不是为了称赞考得好的同学，也不是为了让考得不好的同学丢人的。考试只是对大家学过的知识进行复习的一种方法。把掌握的知识再次确认一下，发现不懂的部分再去学习完善，这才是考试的目的！你得了班级的第五名，可以看出你很有进步，但是考试后要保持正确的心态才是最重要的，考得好了不要骄傲，考得不好找出原因，再接再厉就是了！我们要胜不骄，败不馁。"

丁丁听完叔叔的话后，觉得自己是有点骄傲了，自己只是得了第五名，人家李明明还得了第一名呢！于是，丁丁摆正了态度，每次亲戚问他考试考得怎么样的时候，他都会很谦虚地说："这次我有进步，但还要努力。"亲戚们都表扬丁丁是个谦虚的孩子。

1 学一学

　　好习惯：和爸爸妈妈多多沟通。建议同学们考试之后可以多找父母或者老师沟通，把自己在考试之后的情绪说给他们听，和他们分享你的想法。成绩好，不要骄傲；成绩不佳，不要丧气，要仔细分析其中的教训和原因。这样，不正确的观点或者消极的情绪就会大大减少。

2 想一想

　　孔子带着学生到鲁桓公的祠庙里参观的时候，看到了一个可用来装水的器皿，倾斜地放在祠庙里。孔子便向守庙的人问道："请问，这是什么器皿呢？"守庙的人告诉他："这个器皿是用来告诫自己的。"孔子说："我听说这种器皿，在没有装水或装水少时就会歪倒；水装得适中，不多不少的时候是端正的；里面的水装得过多或装满了，它也会翻倒。"孔子回过头，忠告自己的学生说："骄傲自满没有不使人失败的啊！"

3 练一练

　　对于考试之后出现的不同情绪，你可以按照下表的形式进行填写，这对于我们正确总结考试有很大的帮助作用。

考试之后我出现的情绪	这样下去有哪些后果	我该怎么做
害怕、伤心、紧张	兴趣减低，悲观，思维迟缓，缺乏主动性，饮食、睡眠差等。	早睡早起，多找人交流，外出活动等。
得意、高兴		
其他		

假期的三个三分之一

丁丁考了好成绩，妈妈也为丁丁的进步感到高兴，因为她觉得丁丁是一个善于学习、不断前进的孩子，但是她还不忘叮嘱丁丁说："丁丁，这次考试考好了，需要再接再厉啊，要是因此就放松了，下次你可能就要退步了！宝贝儿，你对假期有什么安排吗？"

"假期安排？我只想着假期好好玩玩，还没有做什么计划呢！"丁丁对妈妈说。

"这样啊，要是你把整个假期都用在玩上，等到开学的时候，那些你学过的知识就会都忘干净了。我建议你这样：拿出三分之一的时间用在做作业和预习新课上，用三分之一的时间去参加社会实践，再用三分之一的时间好好玩玩。你觉得这个建议怎么样？"

　　"妈妈这个安排听起来挺不错的，我可以试试，但是我可以先玩玩再学习吗？"

　　"可以啊！明天你就可以去你姑姑家找你表哥玩！"妈妈笑着对丁丁说。

　　"好啊！好啊！"丁丁高兴地对妈妈说，他想明天见了表哥，又可以把他的成绩讲给表哥听，说不定表哥还会奖励给他很多玩具呢！

学一学

好习惯1：先把作业做好。 要想过一个充实、有趣的假期，首先提醒自己要认真、及时地完成假期作业。假期时间较长，我们应该有计划地完成假期作业，以免临近开学时仓促赶作业，这样临时抱佛脚，学习效果肯定不好。

好习惯2：发展自己的兴趣。 假期给了我们充足的时间，可以让自己好好地锻炼一下自己的特长。比如乐器、画画、舞蹈、篮球等。等到开学之后，同学们会对你的进步大感惊讶的！

想一想

假期到了，很多精彩的活动等着大家去参与。那么，什么样的活动对于我们小学生才是健康、有益的呢？比如参观博物馆、书画展、图书展，或者外出观光旅游，领略大自然的风光；在家里你还可以帮助爸爸妈妈做做家务，如做饭、打扫房间，增进与他们的感情；你还可以去孤儿院、敬老院，帮助他们做些力所能及的事，体会助人为乐的乐趣，从中陶冶情操，培养良好的性情。

读一读

一天，爱迪生在实验室里工作，他递给助手一个没上灯口的空玻璃灯泡，说："你量量灯泡的容量。"于是助手开始拿着软尺在测量灯泡的周长、斜度，并拿了测得的数字伏在桌上计算。他说："时间，时间，怎么费那么多的时间呢？"爱迪生走过来，拿起那个空灯泡，向里面斟满了水，交给助手，说："里面的水倒在量杯里，马上告诉我它的容量。"助手立刻读出了数字。爱迪生说："这是多么容易的测量方法啊，它又准确，又节省时间。人生太短暂了，我们要注意有效地利用时间。"

假期多参加社会实践

　　丁丁今天出去玩，看见小区的板报上写着"爱心助孤"的活动启事，希望小区里的居民可以帮助那些敬老院的孤寡老人，做点儿自己力所能及的事情。丁丁很想参加，于是回家后他就跟爸爸说了自己的这个想法。爸爸问丁丁："你去了可以帮孤寡老人做些什么事呢？"丁丁说："我可以给他们打扫卫生啊！"爸爸听了丁丁的话，很高兴，于是为丁丁准备好了扫帚、抹布等工具。

　　下午一点，丁丁就跟着社区的义务人员出发了。到了敬老院，丁丁勤快地给老人们抹桌子、擦窗台，还给老人们扫地、陪他们说话，老人们都夸丁丁是个懂事的孩子。

　　回家后，丁丁跟爸爸妈妈说了自己在敬老院的表现。爸爸对丁丁说："儿子真乖！知道尊敬老人和帮助别人了，我和妈

妈为你感到骄傲！另外，你瞧，今天的社会实践就是你写作文的最好素材了，是不是呀？"

"嗯，爸爸说得对。孙老师给我们布置了一篇作文叫《假期里有意义的一天》，我写作文的时候就可以写写今天的事情了！"

"儿子真聪明。"妈妈说。

丁丁想："要是我能天天参加这样的社会实践就好了，这样不仅可以陪那些孤单的爷爷奶奶说说话，而且写作文的时候我就不怕没东西写了！"

每天三分钟，收获好习惯

1 学一学

好习惯：走出去看看。 生活在城市的孩子多去农村走走看看，如：帮助农民伯伯做一些力所能及的事情。这样不仅可以了解农村的发展变化，还可以培养起自己热爱自然、热爱劳动的情操。同样，农村的孩子也可以去城市看看，开阔自己的视野。

2 想一想

在参加社会活动的时候，有一点特别重要，那就是增强自己的自我保护意识。由于缺乏自我保护意识，几乎每年假期都会有一些中小学生在各种事件中受到不同程度的伤害。所以，我们在假期里一定要注意安全，比如，自觉做到不私自下河游泳，不到危险的地方去玩，不跟陌生人外出，不玩火玩电等。

3 练一练

假期是我们培养良好作息习惯的最佳时机。大家可以按照下表的形式对假期的每一天都做一个详细的计划。

某年某月某日

时间	安排
6:30~7:00	起床、洗漱、收拾房间
7:00~8:00	简单运动、吃早饭
8:00~11:30	看一看课外书，或参加社会活动
11:30~14:00	吃午饭、午休
14:00~17:00	发展兴趣爱好，或找朋友进行体育运动
17:00~18:30	吃晚饭
18:30~20:30	看电视、上网
20:30~21:30	入睡

常去书店逛逛

假期中，丁丁给李明明打了一个电话，问他假期都在玩什么。李明明告诉丁丁他假期经常去书店，丁丁觉得很奇怪：现在网络上有丰富的内容，想要看书打开电脑就可以了，为什么非要去书店呢？

李明明告诉丁丁："我爸爸说，从电脑上看的书只能从视觉上接收信息，而当我们手捧着书本去翻看的时候，你的整个大脑神经都在跟着书页的翻动而转动呢。书可以让我们体验到那些无法直接去经历的东西。而且常去书店，一来可以找到自己喜欢读的书，二来你可以欣赏到不同内容和不同风格的书，你在挑选的过程中看看这个、再阅读阅读那个，好处远远超过在电脑上浏览。"

"那你去书店都是看什么书呢？读那么多的书籍，学习成

绩也不一定会立刻提高啊。"丁丁问李明明。

"哈哈,我去书店看那些能让人聪明的书啊,像《十万个为什么》《学好数学的80个游戏》等,如果你能坚持阅读益智类的书籍,你就会变得越来越聪明,你的成绩也一定会在不知不觉中提高,但这种提高不是你能立刻看到的。"

丁丁知道李明明的成绩一直很拔尖,所以他对李明明的话深信不疑。他对李明明说:"明明,下次你去书店的时候,可一定记得叫上我啊!"

"好的!"

丁丁自己偷偷地想:"到时候妈妈给我买书的钱就多了,嘿嘿,这样我还可以买点儿零食吃呢!"

每天三分钟，收获好习惯

学一学

好习惯1：读百科全书。 小学生多读一读百科全书是大有益处的。因为百科全书涉及面很广，包含各种各样的知识，有利于我们开阔视野，对世界、对未来产生浓厚的兴趣。

好习惯2：听听别人的意见。 同学们去书店之前可以多听听老师或者高年级同学的意见和建议，也可以让他们针对自己的阅读水平给自己推荐几本书看。这样可以避免自己挑书选书的盲目性。

想一想

我们应该怎么挑选课外书呢？首先，可以根据学习方面的弱势选择书籍。比如自己在语文作文方面存在欠缺，那么你可以利用假期的时间，多多阅读一些有利于提高作文水平的书籍，比如《我爱写作文》等。其次，围绕自己的爱好选择课外读物，比如自己很喜欢文学，就可以定期去读各种文学刊物，阅读文学名著。但有一点必须注意，不能一味地从兴趣出发，比如常常看一些侦探小说、武侠小说，达到了爱不释手的地步，为看这些书而开夜车，结果严重影响了假期生活，这是一种不好的读书倾向。

练一练

中国历史的"四大"

在我国古代，古人们非常偏爱数字"四"，他们常常把一些事物中最杰出、最著名的四个拿出来进行归类整理，于是就产生了很多"四大"。同学们，中国历史的"四大"，你知道多少呢？

1. 中国古代四大发明：_____

2. 中国古代四大美女：_____

3. 中国古代四大名楼：_____

4. 中国古代四大民间传说：_____

5. 古人四兄弟从大到小排行次序：_____

假期里不忘读点名著

假期里，丁丁每天都玩得很开心。不过大多数时候都是自己一个人玩，所以他有点儿怀念上学的日子了。这天，丁丁觉得好长时间都没有联系同学了，就拿起电话给王珍珍打了一个电话。

"喂，珍珍，你在家干什么呢？"

"我在家看名著呢，爸爸让我多读点儿名著，他说读名著可以开阔视野，让我得到很多的启示。"

"哈哈，我今天在家除了看电视、上网外，什么都没有做。"丁丁对珍珍说。

"要不，你也读读名著吧，我现在正在读《鲁宾逊漂流记》，故事充满了冒险和传奇，很好看的。"珍珍对丁丁说。

"噢？这样啊，我也去看看！可是，名著一般都很长，是

不是要花费很长时间啊？应该怎么读呢？"

"哈哈，著名作家茅盾曾经说过，读名著的时候第一遍可以粗读，让自己初步掌握名著的主要内容；第二遍要慢读，细细咀嚼书中的内容，消化第一遍阅读时没有理解的地方；第三遍要精读，要一段一段品味语言的优美，并且思考作者要表达什么样的思想。另外，在阅读时间上要有计划，一次不能贪多。"

"哇塞！珍珍你懂得可真多啊！"丁丁发出了赞叹声。

"哈哈哈，这都是爸爸告诉我的！"

好习惯1：按计划读名著。 名著的篇幅比较长，大家很难一口气读完，所以在读名著的时候可以准备好一个计划本，读到哪记到哪。比如今天读到78页，你可以这样记："《鲁宾逊漂流记》读到了第78页，下一次计划读15页。"这样读起来，是不是感觉更轻松了呢？

好习惯2：要善用工具书。 在阅读时难免有些字不认识，这时应该马上用《新华字典》等工具书，扫除阅读中的障碍。而且，通过查找工具书，还可以使自己的知识进一步丰富起来。

很多同学读过很多名著，但都是浮光掠影，读完就忘，这是为什么呢？优秀教师建议大家，在阅读名著的时候一定要弄清楚人物、时间和地点等细节问题。如《红楼梦》中的"刘姥姥进大观园""黛玉葬花""宝玉挨打"等；《西游记》中的"大闹天宫""真假美猴王""三打白骨精""三借芭蕉扇"等这些妇孺皆知的故事情节，你阅读时就要重点掌握，相关人物也要对号入座，不能张冠李戴。

请把下列人物按所属名著归类：

唐　僧、孙悟空、沙和尚、猪八戒、林黛玉、薛宝钗、王熙凤、贾宝玉、宋江、武　松、鲁智深、李　逵、刘备、张飞、孙权、曹操、诸葛亮

开学前要做知识准备

就快开学了，妈妈叫丁丁收收心，好好准备下学期要用的东西。丁丁对妈妈说："开学有什么好准备的啊？不就是带着课本、作业和文具吗？"

"丁丁，你说的这是物质准备，知识准备你准备好了没有？"妈妈问丁丁。

"什么是知识准备啊？"丁丁带着疑惑的眼神望着妈妈。

"当然是预习新课了。"妈妈笑着对丁丁说。

"啊？那么多知识我怎么能一下预习得完啊？"丁丁皱起眉头对妈妈说。

"哈哈，丁丁你可以这样做：首先，把上学期学过的课本拿出来，重新读一遍，看看学过的知识是不是还牢牢记在脑海里，比如汉字的读音意义、数学公式、英语单词，等等；其

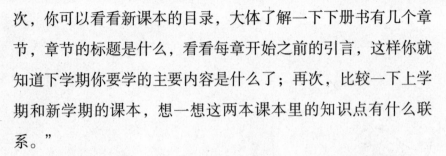

次，你可以看看新课本的目录，大体了解一下下册书有几个章节，章节的标题是什么，看看每章开始之前的引言，这样你就知道下学期你要学的主要内容是什么了；再次，比较一下上学期和新学期的课本，想一想这两本课本里的知识点有什么联系。"

"妈妈说得真不错！这个方法你是怎样知道的呢？"丁丁笑着问妈妈。

"妈妈读大学时就是这样来预习的，通过这样预习可以对课本的内容有一个大致的了解，等到新学期开始了，上课听老师讲的时候你就有整体感了。"

"好的！我就按妈妈说的方法预习吧！谁叫我现在是好学生了呢！"丁丁笑着对妈妈说。

每天三分钟，收获好习惯

1 学一学

好习惯1：**写好假期总结。**建议同学们在开学之前不妨写一篇假期总结，回忆一下自己在假期中做了哪些事情，得到了哪些收获，以此来提醒自己新学期要告别坏习惯，养成好习惯。

好习惯2：**爸爸妈妈给自己的话。**开学前可以给爸爸妈妈每人一张纸，让他们写上对自己的期盼。

2 想一想

新学期就要来了，我们怎样才能比上一学期有进步呢？在开学之前，我们可以准备好各科的笔记本，在最前面一页写上自己对新学期的想法，如：这一学期我要进步五个名次、我要把数学成绩提高15分，或者我要改掉上课交头接耳的毛病，等等。等新学期开始了，每次打开笔记本都能看到这些话，就能激励自己努力向目标前进。

3 练一练

在开学之前，准备好一把小剪刀、一张报纸、一把尺子、透明胶带、小刀，试着给自己的新课本包一个精美的书皮。尽管市场上有塑料书皮，但是用废纸包的书皮可是最环保、最节约的哦！

"练一练"参考答案

002 怎样才能集中注意力

参考评估：

1.你的注意力优秀，手眼结合的能力强

2.你的注意力良好，手眼结合的能力正常

3.以后需要多加锻炼你的注意力

006 我要理解，我要思考

这个等式是 $9 \times 9 = 81$，坐在桌子另一边的人看到的是 $18 = 6 \times 6$。

007 换新老师我也不怕了

8站。

010 怎样提高记笔记的速度？

水壶 课堂 冰块 茶杯 纸张 药片 房间 米粒 花盆 事件

012 该整理笔记啦！

时间类：year month week today tomorrow

动物类：dog cow horse cat sheep

植物类：tree flower leaves grass rose

学习类：book pencil ruler rubber exercise-book

014 我要及时完成作业

第一个数和最后一个数相加、第二个数和倒数第二个数相加……它们的和都是一样的，即 $1 + 100 = 101$，$2 + 99 = 101$，$50 + 51 = 101$……一共有50对这样的数，所以答案是 $50 \times 101 = 5050$。

015 做完作业要检查

1.弟弟找不到，爸爸妈妈很着急。（③）

2.弟弟找不到爸爸，妈妈很着急。（①）

3.弟弟找不到爸爸妈妈，很着急。（②）

016 李明明能用三种方法解题

思路1：先求两辆汽车各行了多少千米，再求两辆汽车行驶路程的和，即得甲、乙两地相距多少千米。

思路2：先求出两辆汽车每小时共行驶多少千米，再乘以相遇时间，即得甲、乙两地相距多少千米。

思路3：甲、乙两地的距离除以相遇时间，就等于两辆汽车的速度和。由此可列出方程，求甲、乙两地相距多少千米。

思路4：甲乙两地距离减去一辆汽车行驶的路程，就等于另一辆汽车行驶的路程，由此列方程解答。

具体解法略。答案为：500千米。

017 从作业错题中进步

小白把时间进行了重复计算。举一个很简单的例子，在寒暑假的60天里，她把用餐、睡觉、娱乐等时间既计入了寒暑假的时间里，又分别计入了全年的用餐时间、睡觉时间、娱乐时间里。双休日的时间计算亦是如此。

019 QQ群里的软性作业

语文 地理 美术 自然 劳动

022 丁丁"病了"

在时间上，上午的7点加上8个小时就是下午的3点钟。

030 充满感情读课文

远远的 / 街灯 / 明了，

好像 / 天上的 / 明星，

天上的 / 明星 / 亮了，

好像 / 点着 / 无数的 / 街灯。

031 一边画图一边记古诗

杜甫《绝句》

两个黄鹂鸣翠柳，

一行白鹭上青天。

窗含西岭千秋雪，

门泊东吴万里船。

032 写好作文要从平时积累

长：2、4、6、8、10、12

短：1、3、5、7、9、11

034 丁丁没审好题

84岁。

037 有选择地做课外题

5枚2角的、50枚1角的、8枚5角的邮票，加起来正好是10元。

038 解题要从多个角度考虑

B和E不能。

039 数学题做对答案不是目的

这是一个通用的式子。把最后的数字去掉365，再除以10，得数就是你的年龄。

045 养成听听力的好习惯

改写举例：

1.I went to bookstore to buy a dictionary.

2.She hurry to bookstore to buy a dictionary.

3.They go to bookstore to buy a dictionary.

047 班里的超级模仿秀

对话1）："Sorry"升调，意思是没听清楚对方问什么。

对话2）："Sorry"降调，意思是拒绝对方或无能为力。

048 复习要用"吃药片"法

四书：《论语》《孟子》《大学》《中庸》

五经：《易》《书》《诗》《礼》《春秋》

四大名著：《红楼梦》《西游记》《水浒传》《三国演义》

049 把知识串起来

法国——巴尔扎克——《欧也妮·葛朗台》——葛朗台

英国—— 莎士比亚—— 《威尼斯商人》——夏洛克

法国——莫里哀——《吝啬鬼》——阿巴贡

俄国——果戈里——《死魂灵》——泼留希金

054 丁丁上考场了

三角形14个，长方形7个，六边形2个。

058 常去书店逛逛

1.造纸术、印刷术、指南针、火药

2.杨玉环、西施、王昭君、貂蝉

3.岳阳楼、黄鹤楼、蓬莱阁、滕王阁

4.《孟姜女》、《牛郎织女》、《梁山伯与祝英台》、《白蛇传》

5.伯、仲、叔、季

059 假期里不忘读点名著

《西游记》：唐僧、孙悟空、沙和尚、猪八戒

《红楼梦》：林黛玉、薛宝钗、王熙凤、贾宝玉

《水浒传》：宋江、武松、鲁智深、李逵

《三国演义》：刘备、张飞、孙权、曹操、诸葛亮

小学生学习习惯评价表

学校：_____ 班级：_____ 姓名：_____

	学习习惯	自我评价	父母评价
听课习惯	课前提前准备好学习用品		
	能积极回答老师提问		
	能保持注意力集中，不开小差		
	课前会预习		
	善于把握听课重点		
	会做课堂笔记		
作业习惯	每天都能按时完成作业		
	做作业认真仔细		
	作业做完会检查		
	及时改正错题		

生活习惯	每天都收拾好书桌和书包		
	制定了科学的作息时间		
	坚持每天锻炼身体		
	吃饭不挑食，注意营养搭配		
其他	有一个明确的学习计划		
	课后保证有复习时间		
	经常使用错题本		
	经常阅读课外书籍		
综合评价			

　　说明：可采用红花或星星评价，优秀得5颗星，良好得3颗星，不好不得星。根据孩子的实际能力进行适当评价，有利于他们改正坏习惯，成为一名优秀的小学生。